Antonio Machado

También la verdad se inventa

Selección de poemas

Madrid, 1927

Diseño de Colección: Rocío Areán

© Edición de José María Parreño

© Fotografía pág. 3: Alfonso

© Árdora Ediciones-2025

ISBN: 978-84-88020-87-1

D.L: M-23119-2025

CONSEJO EDITOR DE LA COLECCIÓN:

Vicenç Altaió, Noni Benegas, Daniel Bolado, Julia Castillo,
José Luis Gallero, Mar García Lozano, José María Parreño.

Con el apoyo de AMAR (Amigos de Árdora)

ÍNDICE

Presentación por José María Parreño 13

SOLEDADES (1899-1907) 33
II 35
V. RECUERDO INFANTIL 36
XI 37
XLVIII. LAS MOSCAS 38
LVII. CONSEJOS 40
LXVI. GALERÍAS 41
LXXII 42
LXXVII 43
LXXX. CAMPO 44
LXXXV 45
LXXXVII. RENACIMIENTO 46
XCV. COPLAS MUNDANAS 47
XCVI. SOL DE INVIERNO 49

CAMPOS DE CASTILLA (1907-1917) 51
XCVII. RETRATO 53
XCVIII. A ORILLAS DEL DUERO 55
XCIX. POR TIERRAS DE ESPAÑA 58
CIII. LAS ENCINAS 59
CIV 63
CVII. FANTASÍA ICONOGRÁFICA 64
CXI. NOCHE DE VERANO 65
CAMPOS DE SORIA 66
CXV. A UN OLMO SECO 71
CXIX 72
CXXI 73
CXXVI. A JOSÉ MARÍA PALACIO 74
CXXVII. OTRO VIAJE 75

CXXXI. DEL PASADO EFÍMERO   77

CXXXII   79

CXXXIII. LLANTO DE LAS VIRTUDES   81

CXXXV. EL MAÑANA EFÍMERO   84

CXXXVI. PROVERBIOS Y CANTARES   86

CXXVII. PARÁBOLAS   91

CXXXIX. A DON FRANCISCO GINER DE LOS RÍOS   92

CXLII. MARIPOSA DE LA SIERRA   93

CXLIII. DESDE MI RINCÓN   94

CXLIV. UNA ESPAÑA JOVEN   98

CLI. A DON MIGUEL DE UNAMUNO   99

NUEVAS CANCIONES (1917-1930)   101

CLIII. OLIVO DEL CAMINO   103

CLV. HACIA TIERRA BAJA   104

CLVI. GALERÍAS   105

CLVII. LA LUNA, LA SOMBRA Y EL BOTÓN   107

CLX. CANCIONES DEL ALTO DUERO   108

CLXI. PROVERBIOS Y CANTARES   109

CLXIV. GLOSANDO A RONSARD Y OTRAS RIMAS   113

AL ESCULTOR EMILIANO BARRAL   114

EN TREN. FLOR DE VERBASCO   115

LOS SUEÑOS DIALOGADOS   117

DE MI CARTERA   119

CLXV. SONETOS   120

CLXVI. VIEJAS CANCIONES   122

DE UN CANCIONERO APÓCRIFO   123

CLXVII. ABEL MARTÍN   125

CLXXI. A LA MANERA DE JUAN DE MAIRENA   127

CLXXII. ABEL MARTÍN. LOS COMPLEMENTARIOS   128

CLXXIII. CANCIONES A GUIOMAR   129

CLXXIV. OTRAS CANCIONES A GUIOMAR   132

CLXXV. MUERTE DE ABEL MARTÍN   134

POESÍAS DE «SOLEDADES» (1808-1907)   135

II. INVIERNO   137

IX. PRELUDIO   138

XXI. SOLEDADES   139

XXVII. APUNTES, PARÁBOLAS   140

XXVIII. TRES CANTARES ENVIADOS A UNAMUNO   141

XXXI. EN EL TIEMPO / 1882-1890-1892 / MI PADRE   142

LVI. APUNTES Y CANCIONES   143

LXIV. COPLAS POPULARES Y NO POPULARES ANDALUZAS   144

LXVI. NOCHES DE CASTILLA   145

CANCIONERO APÓCRIFO   146

POESÍAS DE GUERRA (1936-1939)   149

LXXXI. A LÍSTER, JEFE EN LOS EJÉRCITOS DEL EBRO   151

LXXXIV. EL CRIMEN FUE EN GRANADA   152

LXXXIX   155

Presentación

José María Parreño

No creo en Dios, creo en los hombres. Pero ese Dios que no existe y al que me he dirigido tantas veces en mis versos, atendió un día a mis ensoñaciones. A la más imposible y más cobarde, que era volver atrás. Así que volví. Pero no al pasado que tanto visita mi nostalgia, a mi infancia, al tiempo feliz con Leonor, con mis hermanos, con Guiomar. He vuelto al ahora. Absurdamente. Y absurdamente convertido en uno de mis complementarios, de mis apócrifos o de mis fantasmas. Sospecho en esta fórmula de la divinidad una burla de mis propias creaciones. Porque yo mismo, entre los «Doce poetas que pudieron existir» incluidos en el *Cancionero Apócrifo*, propuse éste: «Antonio Machado. Nació en Sevilla en 1895. Fue profesor en Soria, Baeza, Segovia y Teruel. Murió en Huesca, en fecha no precisada». Y terminaba: «Algunos lo han confundido con el célebre poeta del mismo nombre, autor de *Soledades*, *Campos de Castilla*, etcétera». Es quizá lo más humorístico que he escrito nunca, pues soy un andaluz funeral. El caso es que, como prolongación de ese juego de espejos o de calculadas confusiones, pero en manos de ese Dios que no existe —así que de forma imperfecta—, regresé. Se sirvió del pequeño apoyo de unos datos personales. Los que aportaba un individuo que, además, dudaba él mismo de su substancia y realidad. Así lo había puesto alguna vez por escrito: «Tengo anotadas docenas de confusiones. Y es que toda la vida me han tomado por otro. Un heterónimo de sólo Dios sabe quién. Pero Parreño no es un apellido tan raro. Ante la terquedad de los hechos tal vez debería admitir que, en realidad, la errata soy yo, que *mi mismo nombre es una mentira*». Etcétera, etcétera. Es del libro titulado *Viajes de un antipático*, publicado ya hace un cuarto de siglo.

Este otro nuevo «poeta que pudiera existir» vive en Segovia, es profesor, escribe versos, va y viene a Madrid, su esposa se llama Leonor, es también desaliñado y fumador empedernido… Como se ve, hay un parecido. Se llama José María Parreño. Y me parece que una vez más los hechos dan la razón a Marx, que elucidando la idea de Hegel de que la historia se repite, precisó: «Se le olvidó añadir que la primera vez como tragedia, la segunda como farsa».

Porque tras la tragedia que fue mi vida —pero cuál no lo es— comparezco de nuevo en una versión averiada y falaz. Hecha con algunos ribetes de mi biografía, cosidos por idéntica tristeza existencial, aunque sin sombra de mi talento poético. Ese se quedó en el camino. En los viajes de la vida a la muerte y de la muerte a la vida, siempre se ha de perder algo de importancia. Así fue en el viaje hacia mi muerte. En ese día terrible en que cruzamos la frontera de España, quedó en un automóvil un maletín con mis manuscritos. Ahora que vengo de lo etéreo a la materia, no he perdido las palabras, que aquí están, sino aquello que las urdía y les daba vida. Como he podido releerme, y además he leído cuanto se ha escrito sobre mí, puedo decir que conozco al dedillo la letra, pero ya no soy dueño de la música. Así es que con estas líneas prologo una antología de poemas del *célebre* poeta Antonio Machado a los que no puedo —no puede Parreño— añadir una coma.

Quien me esté leyendo puede pensar que todo esto es un sinsentido, una locura. Pero es que, como escribió mi maestro Unamuno: «No se comprende aquí ya ni la locura». Porque esta locura no es contraria a la cordura. Pero sí contraria a la razón, contra la que hay que ir. Contra la razón y la sinrazón hay que ir. Locura fue la del buen Quijano, azote de la injusticia, que encerraron en su tumba estúpidos bachilleres, curas y barberos. Y locura fue tratar de hacer de España un lugar mejor para los más. Y sinrazón fue la guerra criminal que desataron para impedirlo. Un militar en vez de un barbero, un terrateniente en vez de un bachiller y el sempiterno cura, encerraron en la tumba de la República la locura de la igualdad. Y una vez apresada, ¿dentro de cuántos años o siglos volverá a encandilarnos a los españoles? ¿Y serán esos españoles capaces de procurársela a todos o querrán guardarla embalsamada, como diosa de una religión extinguida? Eso no lo sé. Sí sé que locura o sueño, tanto da, son senderos que conducen a lo más elevado de lo humano. Estoy autorizado a afirmarlo, pues he estado toda mi vida prendido del sueño —del ensueño—. Lo he dicho infinidad de veces en mis versos: «Sueño con hablar con Dios un día». «Yo voy soñando caminos». «Soñada juventud». «¡Este insomne sueño mío!» Así pues, soñé mis versos, soñé mis apócrifos y acaso ellos también me sueñan. Pensar que la vida propia puede ser el sueño de otro es un vértigo antiguo, que el sabio chino Chuang Tzu y el sacerdote español Calderón de la Barca formularon de manera tan distinta como difícil de superar. Pero esta otra noción: que contenemos personalidades para las que no basta una y la sola identidad, fue como una gripe del alma para mi generación. Pirandello, Unamuno, Pessoa y algunos más, nos contagiamos. Y de nuestra pluma nacieron seudónimos, heterónimos, apócrifos y personajes en busca de su autor.

Una tarde, paseando por la Alameda, a orillas del Eresma, en uno de esos momentos que con el tiempo se recuerdan especialmente felices, Leonor le dijo: «Parre, ¿te has dado cuenta de que tú llevas la vida soñada de Antonio Machado?» Él asintió ensimismado y continuó el paseo. Miraba la arboleda y pensaba si realmente para Machado sería apetecible esta vida suya, tan confortable material y sentimentalmente, que corría pareja de una obra poética mediocre. Y, al revés, si él mismo elegiría ser uno de los grandes poetas españoles del siglo XX y, al tiempo, el protagonista de una vida tan cuajada de desgracias. Los chopos cabeceaban estremecidos, como diciendo que eso no se podía elegir. Parreño pensó que sólo se podía escribir.

Es cierto que mi cáliz fue amargo y que mi vida íntima no fue feliz, o lo fue apenas, en algunos momentos. Y que el éxito fue tardío o póstumo. O ultrapóstumo. Tras mi muerte, la España oficial zarandeó cuanto pudo mi memoria, con meticulosa crueldad. La otra media España, en cambio, me consagró, y al cabo he llegado hasta hoy como una especie de santo laico. Pero ni esto ni la admiración de que gozaba al final de mi vida han podido animar nunca mi cara grande de niño triste. No tuve paz. Estaban en contradicción mis aptitudes y mis obligaciones. Raro es que un poeta sea también un hombre (o una mujer) de provecho. No fui ni buen estudiante ni buen profesor. En cuanto a lo primero: me hice bachiller con veinticinco años ya cumplidos (suspendía siempre el latín y el castellano). Conseguí mi primer empleo con treinta y dos, y a duras penas. Ahora sé que en mi expediente para la plaza de Baeza, ya publicados mis primeros libros, un miembro del tribunal anotó: «Es autor de algunas obras sin importancia». Y en cuanto a lo segundo: de mi paso por el instituto y la universidad no he conservado sino una gran aversión a todo lo académico. No tuve vocación de maestro y mucho menos de catedrático, pero procuré cumplir con mi deber. Mi labor pedagógica, que me importó y en grado sumo, no la ejercité, pues, en mi cátedra de francés, sino por boca del apócrifo Juan de Mairena. Él fue mi yo filosófico, un poco poeta y un poco escéptico, que guardaba para todas las debilidades humanas una benévola sonrisa de indulgencia. Viví de mi magro sueldo de profesor, siempre en destartaladas casas de huéspedes. Los triunfos que Manuel y yo conseguimos en el teatro no nos reportaron ingresos sustanciales. En cuanto a los afectos, el balance es conocido. Dos veces entregué mi corazón y las dos me fue devuelto. Perdí a Leonor, mi esposa, a quien adoraba, cuando apenas llevábamos tres años de casados. Mucho tiempo después conocí a Guiomar, que fue un amor de poeta, por estrictamente imposible. Y, aun así, las grandes ilusiones que me despertó se desvanecieron al poco en el torbellino de la guerra. Porque finalmente sucedió esa monstruosidad, que aniquiló las vidas, las haciendas y los sueños de cientos de miles de españoles. Los míos entre ellos. Malviví como tantos y mucho menos que tantos, hasta que malmorí. Y arrastré a mi anciana madre conmigo y condené al exilio a docenas de familiares. Y muerto, como muchos otros vivos, ya lo he dicho, fui juzgado y sentenciado y despojado oficialmente de títulos y medios de subsistencia. Esta fue mi cruz.

En el otro platillo de la balanza está lo que envidia Parreño. Que no será la ya deshuesada fama, ni el sillón de académico, ni el retrato que me pintó Sorolla. Mi logro, lo digo con la franqueza de a quien los celos de los vivos le dan lo mismo, fue haber conseguido, algunas veces, decir lo que quería. Y esto entiendo que un poeta lo puede o incluso lo debe envidiar. Es cierto que no alcancé esa expresión sin trabajo ni a la primera. Pero eso se da por descontado y todo el sufrimiento por bueno. Para modelar el genio poético se utiliza la espátula de la vida, que en ocasiones se rompe por ello. Otras veces, la vida rota se entablilla con la poesía y parece tener justificación. No se pueden separar una de otra y eso lo sabe de sobra mi apócrifo actual. Lo que no sabe es que un autor nunca es más feliz que un hombre feliz; y que la mejor obra es la propia vida de uno. Yo creo que la deficiencia capital de Parreño es que no cree en lo que escribe. El último verso de su último libro de versos dice: «Nunca envidies el destino de un poeta». Si él no se toma en serio sus propias palabras ¿cómo pretende que otros lo hagan?

En cualquier caso, no es mal lugar el prólogo de esta Antología para una explanación didáctica de qué es lo que yo quise decir y de cómo lo dije. En mi temprana juventud, como todo poeta de mi generación, fui devoto admirador de Rubén Darío. Mucho le debemos nosotros a Darío. Su modernismo nos mostró las fulguraciones del lenguaje, nos puso en brazos del ensueño y nos indujo una imaginación melancólica, en que se calcaba la mía propia. Darío también me distinguió con su reconocimiento cuando apareció *Soledades*, mi primer libro, en 1903. Y por decirlo aquí todo y agradecérselo otra vez: atendió de inmediato a mi demanda de auxilio pecuniario cuando Leonor enfermó en París y tuvimos que regresar a España con urgencia. Así que fui, como escribí alguna vez, un pobre modernista del año 3. Pero algo en mi temperamento me apartaba de aquello. Pensaba yo que lo poético, propiamente, no era la palabra por su valor fónico, ni la imagen por su brillo, sino la expresión del alma en respuesta animada al contacto con el mundo. Porque si entre el hablar y el sentir hubiera perfecta conmensurabilidad, el empleo de las metáforas sería no sólo superfluo, sino perjudicial a la expresión. Como no la hay, el poeta anda supliendo con metáforas lo que el recto lenguaje no alcanza a decir. Pero, ojo, que lo poético no es la palabra ni la pintura ni la música. No. Es lo que se hace con ellas. Mejor: lo que se dice con ellas. Mejor todavía: lo que uno hace que ellas digan. A mí lo bien dicho sólo me seduce cuando dice algo interesante. Y es que si algo estudié con ahínco fue más de filosofía que de amena literatura. Confieso que con excepción de algunos poetas (Bécquer, Berceo y don Jorge Manrique), las Bellas Letras nunca me apasionaron. Y la palabra escrita me fatiga cuando no me recuerda la espontaneidad de la palabra hablada. Estoy en todo por la vida. La vida. ¡Qué cosa inolvidable fue la vida! Siempre amé más lo vivo que lo pintado, la naturaleza que el arte. En estas viejas ciudades de Castilla, donde apenas se encuentra un rincón sin leyenda y una casa sin escudo, lo bello es siempre y, no obstante, lo vivo actual. Lo que no está escrito ni ha de escribirse nunca en piedra. «Ni mármol duro y eterno / ni música ni pintura, / sino palabra en el tiempo», se lee en mis *Nuevas canciones*, de 1924. Los manuales y las malas antologías, resaltan este verso: «La poesía es palabra en el tiempo», sin explicarlo o sin entenderlo, porque nunca concretan que mi intento fue reflejar el diálogo del hombre con su tiempo, pero sacándolo del tiempo. Eternizándolo, decía el sabio Unamuno. Lo anecdótico y lo documental humano no es poético por sí mismo. Yo reivindico el derecho de la lírica a contar la emoción pura, borrando la totalidad de la historia humana. Aunque como soy extraordinariamente sensible al lugar en que habito, ya desde *Campos de Castilla* el paisaje ha sido espejo de lo observado en mi recóndita intimidad. De modo que quien ve en las páginas encinares y regatos, ve mi propia alma al trasluz. Para mayores aclaraciones y ejemplos, léase el «Arte Poética» de Juan de Mairena.

Hay un asunto poético, pero también ético, que ha sido para mí de importancia vital. Diríase que mortal incluso. Y es otra gran diferencia con el ideario simbolista y modernista: mi creencia en que la poesía debe llegar al pueblo. Porque viene de él. Yo aprendí a leer en el *Romancero General*, que compiló mi tío Agustín Durán. Mi padre gastó sus años en la ilusión de dar a conocer el folclore de su patria. Así que, sin saberlo, desde niño bebí en la honda fuente de lo popular, de lo propio del pueblo, el agua cristalina de la poesía. Y era una poesía llana, sin trampantojos ni embelecos. Como he procurado que fuese la mía. Por eso elegí la rima pobre, la copla sentenciosa, la metáfora inmediata. Por eso Juan de Mairena, que combatía lo snob de las modas en todas las materias, estaba empeñado en instruir a los alumnos en una escritura semejante al hablar de la calle. Ahora bien, y además, junto al amor por lo popular, albergué el amor a sus protagonistas. Por educación y por inclinación, he sentido una viva simpatía por los humildes que nunca tuve por los pudientes y los aristócratas. Ya desde muy joven me di cuenta de que incluso mi propia existencia de señorito pobre reposaba, al fin y al cabo, sobre una injusticia, sobre las existencias mucho más pobres de muchos más. Y aunque he sido siempre más resignado que rebelde, aunque me mantuve mucho tiempo respetuosamente alejado de la política, nunca dudé de la necesidad de un cambio, de un orden completamente nuevo, por más justo, para las gentes de mi patria. Sé que es un ideal imposible, pero cómo me conmovieron las palabras que José Valdelomar pintó en la pared de un pueblo castellano: «Todo para todos». Ideal imposible y revolucionario. Aunque ya puntualicé al presentar aquel mitin de febrero de 1931, que la revolución no era levantar barricadas, sino algo menos violento, pero más grave, y para lo que se requería el concurso de mentalidades creadoras (como las de aquellos oradores: Ortega, Marañón y Pérez de Ayala). Mis gotas de sangre jacobina no reclamaban la guillotina para nadie, sino sólo más igualdad y menos Iglesia. Más escuelas y menos casinos. En el alto páramo castellano aprendí un proverbio lapidario que podría figurar como el undécimo mandamiento cristiano o como el primero de la sociedad ideal: nadie es más que nadie. Para lograr ese propósito igualitario, muchos de nosotros pensábamos que la educación era instrumento infalible. También lo creyó la República, que dedicó recursos humanos y económicos nunca vistos a la instrucción del pueblo. Y así lo comprendió después, con alarma, el régimen ilegítimo de los vencedores. Por ello, acabada la guerra, ningún otro colectivo fue tan castigado como el de enseñantes. Nada menos que un tercio del total sufrió represalias: prohibición de enseñar, multa, fusilamiento. De «atroz desmoche», calificó Pedro Laín, un intelectual del franquismo, la purga que se realizó en la universidad[1]. Por cierto, que, tras la guerra, Laín, Ridruejo y sus camaradas de Falange fueron los primeros en desemparedarme del olvido, aunque para ello tuvieran que falsificar mi ideario. Lo hicieron hasta el punto de producir lo que un ensayista ingenioso dio en llamar mi «primer gran apócrifo falso»[2]: un Antonio Machado sentimental e intimista, manipulado por la República en su beneficio. Nada menos cierto. Pero para entender estas cautelas de quienes, en 1959, en el vigésimo aniversario de mi muerte, me celebraron un homenaje en Segovia, basta saber que, al empezar la guerra, mis antiguos compañeros del Instituto de allí habían suscrito por unanimidad un acuerdo en el que me expulsaban del claustro de profesores por antipatriota y me declaraban indeseable. Así constó literalmente en el libro de actas del centro y así lo publicó el periódico local[3]. Y digo constó porque, años después, alguno se avergonzó de ver allí perpetuada su firma y consiguió arrancar la página, de modo que en la actualidad no existe[4].

En 1999, cuarenta años después de ese desafiante homenaje, el que puedo llamar con propiedad «mi último gran apócrifo verdadero», se instaló en Segovia. Ahora tiene exactamente la edad con la que yo fallecí. El poema suyo que terminaba diciendo: «Nunca envidies el destino de un poeta», se titula *Epitafio*. Entretanto, yo no he conseguido hacer de él un personaje que merezca

---

1 Nunca he puesto notas en mis libros. Nunca había bajado al sótano de la página. Pero lo voy a hacer en adelante, para añadir alguna observación en segundo plano. Como ésta, tan terrible pero tan cierta, de Max Aub: «Franco a quien realmente derrotó fue a Giner de los Ríos».
2 José Ángel Valente en *Las palabras de la tribu* (1971).
3 *La ciudad y los campos. Semanario de Acción Popular.* Segovia (28/11/1936).
4 Eso le contó a Parreño César Gutiérrez, librero erudito, que ha investigado exhaustivamente mi vida en Segovia.

tal nombre. No tiene voz propia, pero tampoco habla con la mía. Es la obra de un mal ventrílocuo. Ya dije que había perdido el don de cantar.

******

Antonio Machado Ruiz nació en Sevilla en 1875, en una familia cultivada, liberal y con escasos recursos económicos. Su padre, Antonio Machado Álvarez, *Demófilo*, era un reputado folclorista. Antonio Machado Ruiz fue el segundo de seis hermanos. Entre ellos, Manuel, reconocido poeta y autor dramático, y José, grabador, memorialista y fiel acompañante de Antonio en sus últimos años. Cuando tenía tres, la familia se trasladó a Madrid y los varones fueron inscritos en la Institución Libre de Enseñanza. Antonio, que fue condiscípulo de Julián Besteiro, siempre reconoció la deuda contraída con sus maestros Francisco Giner de los Ríos y Manuel Bartolomé Cossío. Tras terminar el bachillerato, frecuentó los círculos de escritores, se entusiasmó por el teatro y trató de ganarse la vida con traducciones y colaboraciones. En 1903 apareció su primer libro, *Soledades*, de estilo simbolista, discretamente acogido, pero reseñado por Rubén Darío y Juan Ramón Jiménez. En 1907 ganó una cátedra de profesor de francés. Su primer destino fue Soria. Se trasladó allí ese mismo año, en que también se publicó *Soledades, Galerías y otros poemas*, que amplía el contenido del libro anterior. Allí se enamora de Leonor Izquierdo, hija de la patrona de la pensión donde vive. En 1909, a pesar de la diferencia de edad (16 y 34 años), contrajeron matrimonio. En 1911, viajaron a París gracias a una beca de la Junta de Ampliación de Estudios y Antonio asistió a los cursos de Henri Bergson. Se manifiestan los primeros síntomas de la tuberculosis de Leonor. Adelantan la vuelta a Soria. En abril de 1912 ve la luz *Campos de Castilla*, un libro que funde magistralmente sentimiento y paisaje, con aliento regeneracionista. En agosto fallece Leonor. Devastado por el dolor, Machado solicitó el traslado al Instituto de Baeza. Comienza su correspondencia con

Unamuno y sus intensas lecturas de filosofía. En 1917 aparecen sus *Páginas escogidas* y la primera versión de sus *Poesías completas* (bajo ese título publicará, a lo largo de su vida, sucesivas ediciones ampliadas —1928, 1933, 1936—). Conoce al joven poeta Federico García Lorca, con quien iniciará una amistad. Tras obtener el título de licenciado en Filosofía y Letras (fue examinado por Ortega y Gasset), consiguió una plaza en Segovia, que le interesaba por su cercanía a Madrid. Llegó en 1919 y se instaló en una modesta pensión. En la ciudad encuentra al profesor Blas Zambrano, al ceramista Fernando Arranz, al poeta Mariano Quintanilla, al escultor Emiliano Barral... (que llamaba al grupo «el Parnaso castellano»). Participa en la creación de la Universidad Popular Segoviana. En la década de 1920, junto con su hermano Manuel, escribió y estrenó en Madrid una decena de obras de teatro. *La Lola se va a los puertos* alcanzaría las cien representaciones. En 1927, es elegido miembro de la Real Academia Española, pero nunca tomará posesión. Al año siguiente, en Segovia, conoce a Pilar Valderrama (Guiomar en sus poemas), una mujer casada, de la alta burguesía madrileña y con aficiones literarias. La amistad se convirtió pronto en una relación de amor platónico, que tendrá hondo significado en la vida del poeta. Aparece *Canciones a Guiomar* (1929). El 14 de abril de 1931, Machado, comprometido desde antiguo con organizaciones republicanas, se encarga (junto con Ortega y Gasset, Ramón Pérez de Ayala y Gregorio Marañón) de alzar en el balcón del Ayuntamiento de Segovia la bandera tricolor. A finales de año consiguió por fin plaza en un instituto de Madrid. Aparecen por entonces los primeros artículos firmados por los apócrifos Abel Martín y Juan de Mairena (en *Revista de Occidente, Diario de Madrid* y *El Sol*). Se desata la sublevación militar y pronto llega el frente de batalla al borde mismo de la capital. La Alianza de Intelectuales Antifascistas decide evacuar a zonas seguras a escritores y artistas. Por su edad y significación, se la ofrecen a Machado. Aceptó con la condición de llevar con él a toda su familia. Desde noviembre de 1936 se alojarán en Villa Amparo, una casa con jardín en el pueblo valenciano de Rocafort. Aparece su *Juan de Mairena (sentencias, donaires, apuntes y recuerdos de un profesor apócrifo)* (1936). A pesar de su deteriorada salud, trabaja sin pausa en favor de la causa republicana: colabora en *Hora de España*, pronuncia discursos de gran repercusión —ante las Juventudes Socialistas Unificadas, ante el II Congreso Internacional de Escritores para la Defensa de la Cultura— y publica *La guerra* (1937), con ilustraciones de su hermano José. En abril de 1938, ante el riesgo de que Valencia quede aislada, los Machado son trasladados a Barcelona e instalados en la finca de Torre Castañer. El 22 de enero de 1939, viendo que es inminente la ocupación de la ciudad por el ejército de Franco, el poeta y su familia partieron en automóvil hacia la frontera con Francia. Les acompañaban el filósofo Joaquín Xirau, el filólogo Tomás Navarro Tomás, el poeta Carles Riba y el periodista Corpus Barga. Sumidos en una caravana de miles de personas que huyen, el segundo día de viaje tienen que abandonar coches y equipajes y bajo un diluvio cruzar la frontera a pie. En penosas condiciones, consiguen llegar en tren hasta Collioure el 28 de enero y se albergan en el Hotel Bougnol-Quintana. Esperan las ayudas prometidas (llega a tiempo una pequeña cantidad de dinero de la embajada española y llegan tarde ofertas académicas de Oxford, Cambridge y Moscú). Antonio Machado muere a las tres y media de la tarde del 22 de febrero de 1939, Miércoles de Ceniza. Su madre, tres días después, el día de su 85 cumpleaños.

Más difícil que rescatar a un poeta del olvido es rescatarle de la banalidad. O de la gloria, si es que no son lo mismo. La figura poética y ética de Antonio Machado está fuera de discusión y, una vez asumido el hecho, resulta perfectamente prescindible. En este país lo hemos puesto en un altar tan alto que parece un trastero. Dicen que los poetas de mi generación leímos de jóvenes a Machado. Pues yo, desde luego, no lo hice. Y eso que con tanta ignorancia como fervor, me propuse a los 16 años conocer *toda* la poesía del mundo. Instalado en la bendita biblioteca de mi barrio, empecé a leer caóticamente, en el orden de las fichas del catálogo: *Antología de los poetas aragoneses, Antología de Louis Aragon*, etc. Pero no llegué a la M. No mucho más tarde, en uno de aquellos candentes y aburridos veranos de mi adolescencia, cayó en mis manos el disco que le dedicó Serrat y fue así como la poesía de Antonio Machado me traspasó. Cuando hace unos meses los editores me propusieron hacer una antología de su poesía, me pareció un completo despropósito. Porque se le ha antologado muchas veces y desde muchos puntos de vista y porque no soy un especialista en su obra. También porque tenía otros planes. Sin embargo, acepté, porque como entenderá quien haya leído hasta aquí, esa petición fijaba una cita con el destino a la que no podía faltar.

En estos meses de asiduo trato con Machado, he verificado que fue un gran poeta, pero también de una antipática severidad. Aquí en Segovia no le acaban de perdonar sus opiniones versificadas sobre el carácter castellano. Que desprecia cuanto ignora y además es inepto para cantar o bailar («atónitos palurdos sin danzas ni canciones»). Tampoco fue complaciente con sus paisanos andaluces (Baeza: «una población encanallada por la Iglesia y completamente huera»). A España se refiere, en expresión memorable, como «un trozo de planeta / por donde cruza errante la sombra de Caín». Pienso igual. También tengo esa manera tan española de ser español que es denostando mi patria. Nadie lo hacemos mejor. Dice Machado: «Nadie más amante que yo ni más convencido de las virtudes de nuestra raza. Entre ellas debemos contar la de ser muy severos para juzgarnos a nosotros mismos y bastante indulgentes para juzgar a nuestros vecinos (...) Hay que ser español, en efecto, para decir las cosas que se dicen contra España». Esa grave enemistad con España y entre los españoles (fractal, podríamos llamarla, porque se replica en todos los ámbitos), Machado la coloca en el centro del carácter nacional. Y mirada a su trasluz, aquella guerra y las guerras que hubo dentro de aquella guerra, aparecen como su manifestación más letal. Fue una guerra civil, porque a fin de cuentas todas lo son.

Pero no fue una guerra fratricida, porque los españoles no somos hermanos. Otra vez Max Aub (y esto lo escribe en 1969): «El español de hoy llevará muy en alto una gran bandera en que se lea: Muy lejos de nosotros la funesta manía de entendernos». Machado advirtió que una de las dos Españas nos helaría el corazón. A día de hoy tengo la certeza de que lo harán las dos. Pero sigo: del retrato que nos pinta Machado en el poema «Por las tierras de España», véanse dos pinceladas: «Abunda el hombre malo del campo y de la aldea, / capaz de insanos vicios y crímenes bestiales /... / Los ojos siempre turbios de envidia o de tristeza, / guarda su presa y llora la que el vecino alcanza». Choca que, albergando tan mala opinión de sus semejantes, no tuviera inconveniente en escribir de sí mismo: «soy bueno en el buen sentido de la palabra bueno». Una cursilada que solo puede decir el más cínico o el más ingenuo de los hombres. Pero lo cierto es que tenía esa fama. John Dos Passos, que quiso traducir su poesía y le conoció en Segovia en 1919, escribió: «Sus amigos le llamaban "Machado el bueno"».

Además del poeta civil en que lo han convertido, Machado fue un extraordinario poeta del paisaje (convirtió en bella la desolada geografía de Castilla). Y también, y sobre todo, un gran poeta del amor. El decano de los últimos que ha habido en lengua española, seguido de Juan Ramón Jiménez, García Lorca, Neruda y Salinas. Como se ha podido ver, su vida sentimental fue extravagante y dolorosa. Con 34, se enamoró de una niña lánguida, una musa modernista de 14 años. Leonor murió cuatro después y él se convirtió en viudo perpetuo. Luego, ya cincuentón, cayó hechizado por una mujer casada, catorce años más joven. Como Pilar Valderrama excluyó el erotismo de la relación, el vínculo que estableció Machado fue la adoración de lo inaccesible. De ahí esa terminología que da un poco de grima leer: mi diosa, mi adorada, bendita Guiomar... Por cierto: ese nombre lo toma Machado de la esposa de su admirado Jorge Manrique, Doña Guiomar de Castañedo. Por cierto, Manrique estuvo preso en Baeza durante algunos meses, por desacato a la corona. Y muerto, también, por cierto, encontraron en sus ropas un papel con el principio de una copla, menos conocida que el verso oracular hallado en el abrigo de Machado[5]. Pero tengo que dejar de coleccionar simetrías. No creo que decir a estas alturas que yo obtuve el premio Leonor de Poesía de la Diputación de Soria en 1985, arroje luz sobre nada. Además, el libro se titulaba *Libro de las Sombras*.

Pero volvamos a sus poemas de amor. Me reconforta comprobar que un hombre tan formal y discreto, fuera, en el terreno amoroso, perfectamente insensato. Aunque sus dos amores fueron muy poco convencionales, Machado no dio un paso atrás y puso todo su empeño en llevarlos a término. Como dice en el único ripio que le conozco: «También yo paso, viejo y tristón. / Dentro del pecho llevo un león». O de forma más articulada:

Huye del triste amor, amor pacato,
sin peligro, sin venda ni aventura,
que espera del amor prenda segura,
porque en amor locura es lo sensato.

Que este era su ideario amoroso lo prueba que este soneto, aparecido en *Nuevas canciones* (1924), lo volvió a publicar, levemente modificado, varios años después, atribuido a uno de sus apócrifos... precisamente a Antonio Machado. He dicho que fue perfectamente insensato, pero perfectamente lúcido también. Y así, supo «cantar» lo que es una profunda verdad psicológica: el carácter ficticio (aunque no irreal), la índole fabulosa del amor. En «Otras canciones a Guiomar», podemos leer:

Todo amor es fantasía;
él inventa el año, el día,
la hora y su melodía;

5 La copla manriqueña es: «¡Oh mundo!, pues que me matas/ fuera la vida que distes/ toda vida/ mas según acá nos tratas/ lo mejor y menos triste/ es la partida».

inventa el amante y, más,
la amada. No prueba nada,
contra el amor, que la amada
no haya existido jamás.

La mejor proyección o contrafigura, no lo sé, del Machado real es el imaginado Abel Martín (Sevilla, 1840-Madrid, 1898), al mismo tiempo autor «de una importante obra filosófica» y mujeriego impenitente: «Que fue Abel Martín hombre en extremo erótico, lo sabemos por testimonios de cuantos le conocieron», precisa su biógrafo, Juan de Mairena. De un erotismo cósmico en ocasiones («Tejidos sois de primavera, amantes, / de tierra y agua y viento y sol tejidos») y en otras, carnal e inaplazable («... aunque a veces sabe Onán, / mucho que ignora don Juan»). Intoxicado de metafísica y soledad, en los años de Baeza, Machado concibió su filosofía del amor. La inquietud erótica que le produce a Abel Martín el cuerpo femenino no la causa tanto su belleza como la diferencia irreductible que en él advierte. «No es para él la belleza el gran incentivo del amor, sino la sed metafísica de lo esencialmente otro». Esa sed nos constituye. Emmanuel Lévinas, el gran filósofo judío de la compasión, escribió que la relación con el otro era la primera tarea de la filosofía. El otro, lo otro. Lo imprescindible para ser humanos. El espejo gracias al que sabemos quiénes somos. Esto lo escribo yo.

Pero sucede que en este texto la palabra «yo» está en disputa. La emplean un autor y su apócrifo, aunque no sepamos quién es quién. No es de extrañar, en páginas machadianas. Machado inventó un apócrifo, Juan de Mairena, que inventó un apócrifo, Jorge Meneses, que inventó una Máquina de Cantar. ¿Por qué necesitó levantar una fantasía de tres pisos para depositar allí sus poemas? ¿O es que el apócrifo del apócrifo del apócrifo es la verdadera voz del autor? Una de sus voces verdaderas. Ahora yo, imbuido de talante abelmartinesco, propongo esta hipótesis visionaria: cada uno de los seres humanos y el resto de lo vivo, no somos otra cosa que Apócrifos del Ser, a través de los que se expresan sus infinitos matices y posibilidades.

A mí me costó mucho ser yo. Durante mi juventud quería empecinadamente ser otro. Creo que sólo por ser alguien, ya que me sentía inexistente. Cuántas veces me reconocí en ese «Hércules sin empleo», que describió Baudelaire. Yo no sabía ser alguien, pero antes incluso, algo no sabía ser yo. Luego me inventé a mí mismo, como lo hacemos todos. Lo que somos es una mitad, la otra mitad es su expresión.

He tardado seis meses en escribir este prólogo, cuyo propósito es presentar la obra y contar la vida de Machado y no sé si lo he conseguido. Lo que sí sé es que hay que inventar la realidad para entenderla. Que hay que contarse la vida para entenderla. La literatura es una comitiva de mentiras que arrastra la verdad. El cuento es anterior a la filosofía. Y el canto fue anterior al cuento. Y el sueño fue anterior al canto. Del sueño viene la luz que los recorre, latiendo con su distinto pulso. Todo empezó con la fantasía de que mi vida pudiera ser la que Machado soñó. Una vida, por cierto, cuyo protagonista sueña con ser Machado. O sea, un espejo que refleja otro espejo. He manoteado entre simetrías y reflejos en busca de una respuesta. Para dar cuentas de ello me inventé como uno más de sus apócrifos (fabricó 33 identidades, incluido un homónimo), pero así tal vez he conseguido ser el Parreño verdadero. El que surge del clarividente juicio de Machado. Prueba definitiva de que el arte fabrica realidad es el edicto del juez instructor de Responsabilidades Políticas, aparecido en el BOE del 8/01/1942, en el que «se incoaba expediente a un tal Abel Martín, del que no se tenían más datos».

Se miente más de la cuenta
por falta de fantasía:
también la verdad se inventa.

(*Nuevas canciones*. «Proverbios y cantares» XLVI)

Segovia, 2023

BIBLIOGRAFÍAS

Relación de libros en verso y prosa de Antonio Machado

Poesía
1903 - *Soledades: poesías*
1907 - *Soledades. Galerías. Otros poemas*
1912 - *Campos de Castilla*
1917 - *Páginas escogidas*
1917 - *Poesías completas*
1917 - *Poemas*
1918 - *Soledades y otras poesías*
1919 - *Soledades, galerías y otros poemas*
1924 - *Nuevas canciones*
1928 - *Poesías completas (1899-1925)*
1933 - *Poesías completas (1899-1930)*
1933 - *La tierra de Alvargonzález*
1936 - *Poesías completas*
1937 - *La guerra (1936-1937)*

Prosa
1936 - *Juan de Mairena (sentencias, donaires, apuntes y recuerdos de un profesor apócrifo)*.
1957 - *Los complementarios* (recopilación póstuma a cargo de Guillermo de Torre publicada en Buenos Aires por Editorial Losada).
1994 - *Cartas a Pilar* (edición de G. C. Depretis, Madrid, Anaya-Mario Muchnik).

Principales libros utilizados

Para la selección de poemas se ha seguido la edición de las *Poesías Completas* de Antonio Machado a cargo de Manuel Alvar. Espasa Calpe. Madrid, 1975.

Antonio Machado. *Poesía y prosa*. *Biografía*. Edición de José Luis Cano. Bruguera, Barcelona, 1982.

Conversaciones con Antonio Machado. «*Caminos sobre la mar*». Edición de Rafael Inglada. Confluencias. Almería, 2017.

Coy Ferrer, Juan José. *Antonio Machado*. *Fragmentos de biografía espiritual*. Junta de Castilla y León. Consejería de Cultura y Turismo. Valladolid, 1997.

Laín, Pedro. «Díptico machadiano». *Cuadernos Hispanoamericanos*, núm. 304-307, pags. 7-28. Madrid, 1975.

Pérez Ferrero, Miguel. *Vida de Antonio Machado y Manuel*. Austral. Buenos Aires, 1952.

Parreño, José María. *Viajes de un antipático*. Árdora. Madrid, 1999.

Parreño, José María. *Pornografía para insectos*. Pretextos. Valencia, 2014.

Torre, Guillermo de. *Tríptico del sacrificio*. *Unamuno, García Lorca, Machado*. Losada. Buenos Aires, 1948.

Unamuno, Miguel de. *Vida de Don Quijote y Sancho*. (1905). Alianza, Madrid, 2004.

SOLEDADES (1899-1907)

II

He andado muchos caminos,
he abierto muchas veredas;
he navegado en cien mares,
y atracado en cien riberas.

En todas partes he visto
caravanas de tristeza,
soberbios y melancólicos
borrachos de sombra negra,
y pedantones al paño
que miran, callan, y piensan
que saben, porque no beben
el vino de las tabernas.
Mala gente que camina
y va apestando la tierra...
Y en todas partes he visto
gentes que danzan o juegan,
cuando pueden, y laboran
sus cuatro palmos de tierra.
Nunca, si llegan a un sitio,
preguntan adonde llegan.
Cuando caminan, cabalgan
a lomos de mula vieja,
y no conocen la prisa
ni aun en los días de fiesta.
Donde hay vino, beben vino;
donde no hay vino, agua fresca.
Son buenas gentes que viven,
laboran, pasan y sueñan,
y en un día como tantos,
descansan bajo la tierra.

V. RECUERDO INFANTIL

Una tarde parda y fría
de invierno. Los colegiales
estudian. Monotonía
de lluvia tras los cristales.
Es la clase. En un cartel
se representa a Caín
fugitivo, y muerto Abel,
junto a una mancha carmín.
Con timbre sonoro y hueco
truena el maestro, un anciano
mal vestido, enjuto y seco,
que lleva un libro en la mano.
Y todo un coro infantil
va cantando la lección:
«mil veces ciento, cien mil;
mil veces mil, un millón».
Una tarde parda y fría
de invierno. Los colegiales
estudian. Monotonía
de la lluvia en los cristales.

XI

Yo voy soñando caminos
de la tarde. ¡Las colinas
doradas, los verdes pinos,
las polvorientas encinas!...
¿Adónde el camino irá?
Yo voy cantando, viajero
a lo largo del sendero...
—La tarde cayendo está—.
«En el corazón tenía
la espina de una pasión;
logré arrancármela un día:
ya no siento el corazón».
Y todo el campo un momento
se queda, mudo y sombrío,
meditando. Suena el viento
en los álamos del río.
La tarde más se oscurece;
y el camino que serpea
y débilmente blanquea,
se enturbia y desaparece.
Mi cantar vuelve a plañir:
«Aguda espina dorada,
quién te pudiera sentir
en el corazón clavada».

XLVIII. LAS MOSCAS

Vosotras, las familiares,
inevitables golosas,
vosotras, moscas vulgares,
me evocáis todas las cosas.
¡Oh, viejas moscas voraces
como abejas en abril,
viejas moscas pertinaces
sobre mi calva infantil!
¡Moscas del primer hastío
en el salón familiar,
las claras tardes de estío
en que yo empecé a soñar!
Y en la aborrecida escuela,
raudas moscas divertidas,
perseguidas
por amor de lo que vuela
—que todo es volar—, sonoras
rebotando en los cristales
en los días otoñales…
Moscas de todas las horas,
de infancia y adolescencia,
de mi juventud dorada;
de esta segunda inocencia,
que da en no creer en nada,
de siempre… Moscas vulgares,
que de puro familiares
no tendréis digno cantor:
yo sé que os habéis posado
sobre el juguete encantado,
sobre el librote cerrado,
sobre la carta de amor,

sobre los párpados yertos
de los muertos.
Inevitables golosas,
que ni labráis como abejas,
ni brilláis cual mariposas;
pequeñitas, revoltosas,
vosotras, amigas viejas,
me evocáis todas las cosas.

LVII. CONSEJOS

II

Moneda que está en la mano
quizá se deba guardar;
la monedita del alma
se pierde si no se da.

GALERÍAS. LXVI

¡Y esos niños en hilera,
llevando el sol de la tarde
en sus velitas de cera!...

*

¡De amarilla calabaza,
en el azul, cómo sube
la luna, sobre la plaza!

LXXII

La casa tan querida
donde habitaba ella,
sobre un montón de escombros arruinada
o derruida, enseña
el negro y carcomido
maltrabado esqueleto de madera.
La luna está vertiendo
su clara luz en sueños que platea
en las ventanas. Mal vestido y triste,
voy caminando por la calle vieja.

LXXVII

Es una tarde cenicienta y mustia,
destartalada, como el alma mía;
y es esta vieja angustia
que habita mi usual hipocondría.
La causa de esta angustia no consigo
ni vagamente comprender siquiera;
pero recuerdo y, recordando, digo:
—Sí, yo era niño, y tú, mi compañera.

LXXX. CAMPO

La tarde está muriendo
como un hogar humilde que se apaga.
Allá, sobre los montes,
quedan algunas brasas.
Y ese árbol roto en el camino blanco
hace llorar de lástima.
¡Dos ramas en el tronco herido, y una
hoja marchita y negra en cada rama!
¿Lloras?… Entre los álamos de oro,
lejos, la sombra del amor te aguarda.

LXXXV

La primavera besaba
suavemente la arboleda,
y el verde nuevo brotaba
como una verde humareda.

Las nubes iban pasando
sobre el campo juvenil...
Yo vi en las hojas temblando
las frescas lluvias de abril.

Bajo ese almendro florido,
todo cargado de flor
—recordé—, yo he maldecido
mi juventud sin amor.

Hoy, en mitad de la vida,
me he parado a meditar...
¡Juventud nunca vivida
quién te volviera a soñar!

LXXXVII. RENACIMIENTO

En nuestras almas todo
por misteriosa mano se gobierna.
Incomprensibles, mudas,
nada sabemos de las almas nuestras.
Las más hondas palabras
del sabio nos enseñan
lo que el silbar del viento cuando sopla
o el sonar de las aguas cuando ruedan.

XCV. COPLAS MUNDANAS

Poeta ayer, hoy triste y pobre
filósofo trasnochado,
tengo en monedas de cobre
el oro de ayer cambiado.
  Sin placer y sin fortuna,
pasó como una quimera
mi juventud, la primera...
la sola, no hay más que una:
la de dentro es la de fuera.
  Pasó como un torbellino,
bohemia y aborrascada,
harta de coplas y vino,
mi juventud bien amada.
  Y hoy miro a las galerías
del recuerdo, para hacer
aleluyas de elegías
desconsoladas de ayer.
  ¡Adiós, lágrimas cantoras,
lágrimas que alegremente
brotabais, como en la fuente
las limpias aguas sonoras!
  ¡Buenas lágrimas vertidas
por un amor juvenil,
cual frescas lluvias caídas
sobre los campos de abril!
  No canta ya el ruiseñor
de cierta noche serena;
sanamos del mal de amor
que sabe llorar sin pena.

Poeta ayer, hoy triste y pobre
filósofo trasnochado,
tengo en monedas de cobre
el oro de ayer cambiado.

XCVI. SOL DE INVIERNO

Es mediodía. Un parque.
Invierno. Blancas sendas;
simétricos montículos
y ramas esqueléticas.
    Bajo el invernadero,
naranjos en maceta,
y en su tonel, pintado
de verde, la palmera.
    Un viejecillo dice,
para su capa vieja:
«¡El sol, esta hermosura
de sol!…» Los niños juegan.
    El agua de la fuente
resbala, corre y sueña
lamiendo, casi muda,
la verdinosa piedra.

CAMPOS DE CASTILLA (1907-1917)

XCVII. RETRATO

Mi infancia son recuerdos de un patio de Sevilla,
y un huerto claro donde madura el limonero;
mi juventud, veinte años en tierra de Castilla;
mi historia, algunos casos que recordar no quiero.

Ni un seductor Mañara, ni un Bradomín he sido
—ya conocéis mi torpe aliño indumentario—,
mas recibí la flecha que me asignó Cupido,
y amé cuanto ellas puedan tener de hospitalario.

Hay en mis venas gotas de sangre jacobina,
pero mi verso brota de manantial sereno;
y, más que un hombre al uso que sabe su doctrina,
soy, en el buen sentido de la palabra, bueno.

Adoro la hermosura, y en la moderna estética
corté las viejas rosas del huerto de Ronsard;
mas no amo los afeites de la actual cosmética,
ni soy un ave de esas del nuevo gay-trinar.

Desdeño las romanzas de los tenores huecos
y el coro de los grillos que cantan a la luna.
A distinguir me paro las voces de los ecos,
y escucho solamente, entre las voces, una.

¿Soy clásico o romántico? No sé. Dejar quisiera
mi verso, como deja el capitán su espada:
famosa por la mano viril que la blandiera,
no por el docto oficio del forjador preciada.

Converso con el hombre que siempre va conmigo
—quien habla solo espera hablar a Dios un día—;
mi soliloquio es plática con este buen amigo
que me enseñó el secreto de la filantropía.

Y al cabo, nada os debo; debéisme cuanto he
escrito.
A mi trabajo acudo, con mi dinero pago
el traje que me cubre y la mansión que habito,
el pan que me alimenta y el lecho en donde yazgo.
Y cuando llegue el día del último viaje,
y esté al partir la nave que nunca ha de tornar,
me encontraréis a bordo ligero de equipaje,
casi desnudo, como los hijos de la mar.

XCVIII. A ORILLAS DEL DUERO

Mediaba el mes de julio. Era un hermoso día.
Yo, solo, por las quiebras del pedregal subía,
buscando los recodos de sombra, lentamente.
A trechos me paraba para enjugar mi frente
y dar algún respiro al pecho jadeante;
o bien, ahincando el paso, el cuerpo hacia adelante
y hacia la mano diestra vencido y apoyado
en un bastón, a guisa de pastoril cayado,
trepaba por los cerros que habitan las rapaces
aves de altura, hollando las hierbas montaraces
de fuerte olor —romero, tomillo, salvia, espliego—.
Sobre los agrios campos caía un sol de fuego.
   Un buitre de anchas alas con majestuoso vuelo
cruzaba solitario el puro azul del cielo.
Yo divisaba, lejos, un monte alto y agudo,
y una redonda loma cual recamado escudo,
y cárdenos alcores sobre la parda tierra
—harapos esparcidos de un viejo arnés de guerra—,
las serrezuelas calvas por donde tuerce el Duero
para formar la corva ballesta de un arquero
en torno a Soria. —Soria es una barbacana
hacia Aragón que tiene la torre castellana—.
Veía el horizonte cerrado por colinas
oscuras, coronadas de robles y de encinas;
desnudos peñascales, algún humilde prado
donde el merino pace y el toro, arrodillado
sobre la hierba, rumia; las márgenes del río
lucir sus verdes álamos al claro sol de estío,
y, silenciosamente, lejanos pasajeros,
¡tan diminutos! —carros, jinetes y arrieros—
cruzar el largo puente, y bajo las arcadas

de piedra ensombrecerse las aguas plateadas
del Duero.
   El Duero cruza el corazón de roble
de Iberia y de Castilla.
¡Oh, tierra triste y noble,
la de los altos llanos y yermos y roquedas,
de campos sin arados, regatos ni arboledas;
decrépitas ciudades, caminos sin mesones,
y atónitos palurdos sin danzas ni canciones
que aún van, abandonando el mortecino hogar,
como tus largos ríos, Castilla, hacia la mar!
   Castilla miserable, ayer dominadora,
envuelta en sus andrajos desprecia cuanto ignora.
¿Espera, duerme o sueña? ¿La sangre derramada
recuerda, cuando tuvo la fiebre de la espada?
Todo se mueve, fluye, discurre, corre o gira;
cambian la mar y el monte y el ojo que los mira.
¿Pasó? Sobre sus campos aún el fantasma yerra
de un pueblo que ponía a Dios sobre la guerra.
   La madre en otro tiempo fecunda en capitanes,
madrastra es hoy apenas de humildes ganapanes.
Castilla no es aquella tan generosa un día,
cuando Myo Cid Rodrigo el de Vivar volvía,
ufano de su nueva fortuna, y su opulencia,
a regalar a Alfonso los huertos de Valencia;
o que, tras la aventura que acreditó sus bríos,
pedía la conquista de los inmensos ríos
indianos a la corte, la madre de soldados,
guerreros y adalides que han de tornar, cargados
de plata y oro, a España, en regios galeones,
para la presa cuervos, para la lid leones.
Filósofos nutridos de sopa de convento
contemplan impasibles el amplio firmamento;
y se les llega en sueños, como un rumor distante,

clamor de mercaderes de muelles de Levante,
no acudirán siquiera a preguntar: ¿qué pasa?
Y ya la guerra ha abierto las puertas de su casa.
Castilla miserable, ayer dominadora,
envuelta en sus harapos desprecia cuanto ignora.
El sol va declinando. De la ciudad lejana
me llega un armonioso tañido de campana
—ya irán a su rosario las enlutadas viejas—.
De entre las peñas salen dos lindas comadrejas;
me miran y se alejan, huyendo, y aparecen
de nuevo, ¡tan curiosas!... Los campos se obscurecen.
Hacia el camino blanco está el mesón abierto
al campo ensombrecido y al pedregal desierto.

XCIX. POR TIERRAS DE ESPAÑA

El hombre de estos campos que incendia los pinares
y su despojo aguarda como botín de guerra,
antaño hubo raído los negros encinares,
talado los robustos robledos de la sierra.
Hoy ve a sus pobres hijos huyendo de sus lares;
la tempestad llevarse los limos de la tierra
por los sagrados ríos hacia los anchos mares;
y en páramos malditos trabaja, sufre y yerra.
Es hijo de una estirpe de rudos caminantes,
pastores que conducen sus hordas de merinos
a Extremadura fértil, rebaños trashumantes
que mancha el polvo y dora el sol de los caminos.
Pequeño, ágil, sufrido, los ojos de hombre astuto,
hundidos, recelosos, movibles; y trazadas
cual arco de ballesta, en el semblante enjuto
de pómulos salientes, las cejas muy pobladas.
Abunda el hombre malo del campo y de la aldea,
capaz de insanos vicios y crímenes bestiales,
que bajo el pardo sayo esconde un alma fea,
esclava de los siete pecados capitales.
Los ojos siempre turbios de envidia o de tristeza,
guarda su presa y llora la que el vecino alcanza;
ni para su infortunio ni goza su riqueza;
le hieren y acongojan fortuna y malandanza.
El numen de estos campos es sanguinario y fiero:
al declinar la tarde, sobre el remoto alcor,
veréis agigantarse la forma de un arquero,
la forma de un inmenso centauro flechador.
Veréis llanuras bélicas y páramos de asceta
—no fue por estos campos el bíblico jardín—;
son tierras para el águila, un trozo de planeta
por donde cruza errante la sombra de Caín.

CIII. LAS ENCINAS

A los Sres. de Masriera, en recuerdo de
una expedición a El Pardo

¡Encinares castellanos
en laderas y altozanos,
serrijones y colinas
llenos de obscura maleza,
encinas, pardas encinas;
humildad y fortaleza!
Mientras que llenándoos va
el hacha de calvijares,
¿nadie cantaros sabrá,
encinares?
El roble es la guerra, el roble
dice el valor y el coraje,
rabia inmoble
en su torcido ramaje;
y es más rudo
que la encina, más nervudo,
más altivo y más señor.
El alto roble parece
que recalca y ennudece
su robustez como atleta
que, erguido, afinca en el suelo.
El pino es el mar y el cielo
y la montaña: el planeta.
La palmera es el desierto,
el sol y la lejanía:
la sed; una fuente fría
soñada en el campo yerto.
Las hayas son la leyenda.
Alguien, en las viejas hayas,

leía una historia horrenda
de crímenes y batallas.

   ¿Quién ha visto sin temblar
un hayedo en un pinar?
Los chopos son la ribera,
liras de la primavera,
Cerca del agua que fluye,
pasa y huye,
viva o lenta,
que se emboca turbulenta
o en remanso se dilata.
En su eterno escalofrío
copian del agua del río
las vivas ondas de plata.

   De los parques las olmedas
son las buenas arboledas
que nos han visto jugar,
cuando eran nuestros cabellos
rubios y, con nieve en ellos,
nos han de ver meditar.

   Tiene el manzano el olor
de su poma,
el eucalipto el aroma
de sus hojas, de su flor
el naranjo la fragancia;
y es del huerto
la elegancia
el ciprés oscuro y yerto.

   ¿Qué tienes tú, negra encina
campesina,
con tus ramas sin color
en el campo sin verdor;
con tu tronco ceniciento
sin esbeltez ni altiveza,

con tu vigor sin tormento,
y tu humildad que es firmeza?
En tu copa ancha y redonda
nada brilla,
ni tu verdioscura fronda
ni tu flor verdiamarilla.
Nada es lindo ni arrogante
en tu porte, ni guerrero,
nada fiero
que aderece su talante.
Brotas derecha o torcida
con esa humildad que cede
sólo a la ley de la vida,
que es vivir como se puede.
El campo mismo se hizo
árbol en ti, parda encina.
Ya bajo el sol que calcina,
ya contra el hielo invernizo,
el bochorno y la borrasca,
el agosto y el enero,
los copos de la nevasca,
los hilos del aguacero,
siempre firme, siempre igual,
impasible, casta y buena,
¡oh tú, robusta y serena,
eterna encina rural
de los negros encinares
de la raya aragonesa
y las crestas militares
de la tierra pamplonesa;
encinas de Extremadura,
de Castilla, que hizo a España,
encinas de la llanura,
del cerro y de la montaña;

encinas del alto llano
que el joven Duero rodea,
y del Tajo que serpea
por el suelo toledano;
encinas de junto al mar
—en Santander—, encinar
que pones tu nota arisca,
como un castellano ceño,
en Córdoba la morisca,
y tú, encinar madrileño,
bajo Guadarrama frío,
tan hermoso, tan sombrío,
con tu adustez castellana
corrigiendo
la vanidad y el atuendo
y la hetiquez cortesana!…
Ya sé, encinas
campesinas
que os pintaron, con lebreles
elegantes y corceles,
los más egregios pinceles,
y os cantaron los poetas
augustales,
que os asordan escopetas
de cazadores reales;
mas sois el campo y el lar
y la sombra tutelar
de los buenos aldeanos
que visten parda estameña,
y que cortan vuestra leña
con sus manos.

CIV

   ¿Eres tú, Guadarrama, viejo amigo,
la sierra gris y blanca,
la sierra de mis tardes madrileñas
que yo veía en el azul pintada?
   Por tus barrancos hondos
y por tus cumbres agrias,
mil Guadarramas y mil soles vienen,
cabalgando conmigo, a tus entrañas.

Camino de Balsaín, 1911

CVII. FANTASÍA ICONOGRÁFICA

La calva prematura
brilla sobre la frente amplia y severa;
bajo la piel de pálida tersura
se trasluce la fina calavera.
Mentón agudo y pómulos marcados
por trazos de un punzón adamantino;
y de insólita púrpura manchados
los labios que soñara un florentino.
Mientras la boca sonreír parece,
los ojos perspicaces,
que un ceño pensativo empequeñece,
miran y ven, profundos y tenaces.
Tiene sobre la mesa un libro viejo
donde posa la mano distraída.
Al fondo de la cuadra, en el espejo,
una tarde dorada está dormida.
Montañas de violeta
y grisientos breñales,
la tierra que ama el santo y el poeta,
los buitres y las águilas caudales.
Del abierto balcón al blanco muro
va una franja de sol anaranjada
que inflama el aire, en el ambiente obscuro
que envuelve la armadura arrinconada.

CXI. NOCHE DE VERANO

Es una hermosa noche de verano.
Tienen las altas casas
abiertos los balcones
del viejo pueblo a la anchurosa plaza.
En el amplio rectángulo desierto,
bancos de piedra, evónimos y acacias
simétricos dibujan
sus negras sombras en la arena blanca.
En el cenit, la luna, y en la torre,
la esfera del reloj iluminada.
Yo en este viejo pueblo paseando
solo, como un fantasma.

CAMPOS DE SORIA

I

Es la tierra de Soria árida y fría.
Por las colinas y las sierras calvas,
verdes pradillos, cerros cenicientos,
la primavera pasa
dejando entre las hierbas olorosas
sus diminutas margaritas blancas.
La tierra no revive, el campo sueña.
Al empezar abril está nevada
la espalda del Moncayo;
el caminante lleva en su bufanda
envueltos cuello y boca, y los pastores
pasan cubiertos con sus luengas capas.

VI

¡Soria fría, *Soria pura,*
cabeza de Extremadura,
con su castillo guerrero
arruinado, sobre el Duero;
con sus murallas roídas
y sus casas denegridas!
  ¡Muerta ciudad de señores
soldados o cazadores;
de portales con escudos
de cien linajes hidalgos,
y de famélicos galgos,
de galgos flacos y agudos,
que pululan
por las sórdidas callejas,
y a la medianoche ululan,
cuando graznan las cornejas!
  ¡Soria fría! La campana
de la Audiencia da la una.
Soria, ciudad castellana
¡tan bella! bajo la luna.

VII

   ¡Colinas plateadas,
grises alcores, cárdenas roquedas
por donde traza el Duero
su curva de ballesta
en torno a Soria, obscuros encinares,
ariscos pedregales, calvas sierras,
caminos blancos y álamos del río,
tardes de Soria, mística y guerrera,
hoy siento por vosotros, en el fondo
del corazón, tristeza,
tristeza que es amor! ¡Campos de Soria
donde parece que las rocas sueñan,
conmigo vais! ¡Colinas plateadas,
grises alcores, cárdenas roquedas!…

VIII

He vuelto a ver los álamos dorados,
álamos del camino en la ribera
del Duero, entre San Polo y San Saturio,
tras las murallas viejas
de Soria —barbacana
hacia Aragón, en castellana tierra—.
  Estos chopos del río, que acompañan
con el sonido de sus hojas secas
el son del agua, cuando el viento sopla,
tienen en sus cortezas
grabadas iniciales que son nombres
de enamorados, cifras que son fechas.
¡Álamos del amor que ayer tuvisteis
de ruiseñores vuestras ramas llenas;
álamos que seréis mañana liras
del viento perfumado en primavera;
álamos del amor cerca del agua
que corre y pasa y sueña,
álamos de las márgenes del Duero,
conmigo vais, mi corazón os lleva!

IX

¡Oh!, sí! Conmigo vais, campos de Soria,
tardes tranquilas, montes de violeta,
alamedas del río, verde sueño
del suelo gris y de la parda tierra,
agria melancolía
de la ciudad decrépita.
Me habéis llegado al alma,
¿o acaso estabais en el fondo de ella?
¡Gentes del alto llano numantino
que a Dios guardáis como cristianas viejas,
que el sol de España os llene
de alegría, de luz y de riqueza!

CXV. A UN OLMO SECO

Al olmo viejo, hendido por el rayo
y en su mitad podrido,
con las lluvias de abril y el sol de mayo,
algunas hojas verdes le han salido.
¡El olmo centenario en la colina
que lame el Duero! Un musgo amarillento
le mancha la corteza blanquecina
al tronco carcomido y polvoriento.
No será, cual los álamos cantores
que guardan el camino y la ribera,
habitado de pardos ruiseñores.
Ejército de hormigas en hilera
va trepando por él, y en sus entrañas
urden sus telas grises las arañas.
Antes que te derribe, olmo del Duero,
con su hacha el leñador, y el carpintero
te convierta en melena de campana,
lanza de carro o yugo de carreta;
antes que rojo en el hogar, mañana,
ardas de alguna mísera caseta,
al borde de un camino;
antes que te descuaje un torbellino
y tronche el soplo de las sierras blancas;
antes que el río hasta la mar te empuje
por valles y barrancas,
olmo, quiero anotar en mi cartera
la gracia de tu rama verdecida.
Mi corazón espera
también, hacia la luz y hacia la vida,
otro milagro de la primavera.

Soria, 1912

CXIX

Señor, ya me arrancaste lo que yo más quería.
Oye otra vez, Dios mío, mi corazón clamar.
Tu voluntad se hizo, Señor, contra la mía.
Señor, ya estamos solos mi corazón, y el mar.

CXXI

Allá, en las tierras altas,
por donde traza el Duero
su curva de ballesta
en torno a Soria, entre plomizos cerros
y manchas de raídos encinares,
mi corazón está vagando, en sueños...
¿No ves, Leonor, los álamos del río
con sus ramajes yertos?
Mira el Moncayo azul y blanco; dame
tu mano y paseemos.
Por estos campos de la tierra mía,
bordados de olivares polvorientos,
voy caminando solo,
triste, cansado, pensativo y viejo.

CXXVI. A JOSÉ MARÍA PALACIO

Palacio, buen amigo,
¿está la primavera
vistiendo ya las ramas de los chopos
del río y los caminos? En la estepa
del alto Duero, Primavera tarda,
¡pero es tan bella y dulce cuando llega!…
¿Tienen los viejos olmos
algunas hojas nuevas?
Aún las acacias estarán desnudas
y nevados los montes de las sierras.
¡Oh mole del Moncayo blanca y rosa,
allá, en el cielo de Aragón, tan bella!
¿Hay zarzas florecidas
entre las grises peñas,
y blancas margaritas
entre la fina hierba?
Por esos campanarios
ya habrán ido llegando las cigüeñas.
Habrá trigales verdes,
y mulas pardas en las sementeras,
y labriegos que siembran los tardíos
con las lluvias de abril. Ya las abejas
libarán del tomillo y el romero.
¿Hay ciruelas en flor? ¿Quedan violetas?
Furtivos cazadores, los reclamos
de la perdiz bajo las capas luengas,
no faltarán. Palacio, buen amigo,
¿tienen ya ruiseñores las riberas?
Con los primeros lirios
y las primeras rosas de las huertas,
en una tarde azul, sube al Espino,
al alto Espino donde está su tierra…

Baeza, 29 abril 1913

CXXVII. OTRO VIAJE

Ya en los campos de Jaén,
amanece. Corre el tren
por sus brillantes rieles,
devorando matorrales,
alcaceles,
terraplenes, pedregales,
olivares, caseríos,
praderas y cardizales,
montes y valles sombríos.
Tras la turbia ventanilla,
pasa la devanadera
del campo de primavera.
La luz en el techo brilla
de mi vagón de tercera.
Entre nubarrones blancos,
oro y grana;
la niebla de la mañana
huyendo por los barrancos.
¡Este insomne sueño mío!
¡Este frío
de un amanecer en vela!…
Resonante,
jadeante,
marcha el tren. El campo vuela.
Enfrente de mí, un señor
sobre su manta dormido;
un fraile y un cazador
—el perro a sus pies tendido—.
Yo contemplo mi equipaje,
mi viejo saco de cuero;
y recuerdo otro viaje

hacia las tierras del Duero.
Otro viaje de ayer
por la tierra castellana
—¡pinos del amanecer
entre Almazán y Quintana!—
¡Y alegría
de un viajar en compañía!
¡Y la unión
que ha roto la muerte un día!
¡Mano fría
que aprietas mi corazón!
Tren, camina, silba, humea,
acarrea
tu ejército de vagones,
ajetrea
maletas y corazones.
Soledad,
sequedad.
Tan pobre me estoy quedando
que ya ni siquiera estoy
conmigo, ni sé si voy
conmigo a solas viajando.

CXXXI. DEL PASADO EFÍMERO

Este hombre del casino provinciano
que vio a Carancha recibir un día,
tiene mustia la tez, el pelo cano,
ojos velados por melancolía;
bajo el bigote gris, labios de hastío,
y una triste expresión, que no es tristeza,
sino algo más y menos: el vacío
del mundo en la oquedad de su cabeza.
Aún luce de corinto terciopelo
chaqueta y pantalón abotinado,
y un cordobés color de caramelo,
pulido y torneado.
Tres veces heredó; tres ha perdido
al monte su caudal; dos ha enviudado.
Sólo se anima ante el azar prohibido,
sobre el verde tapete reclinado,
o al evocar la tarde de un torero,
la suerte de un tahúr, o si alguien cuenta
la hazaña de un gallardo bandolero,
o la proeza de un matón, sangrienta.
Bosteza de política banales
dicterios al gobierno reaccionario,
y augura que vendrán los liberales,
cual torna la cigüeña al campanario.
Un poco labrador, del cielo aguarda
y al cielo teme; alguna vez suspira,
pensando en su olivar, y al cielo mira
con ojo inquieto, si la lluvia tarda.
Lo demás, taciturno, hipocondriaco,
prisionero en la Arcadia del presente
le aburre; sólo el humo del tabaco

simula algunas sombras en su frente.
Este hombre no es de ayer ni es de mañana,
sino de nunca; de la cepa hispana
no es el fruto maduro ni podrido,
es una fruta vana
de aquella España que pasó y no ha sido,
esa que hoy tiene la cabeza cana.

CXXXII

A dos leguas de Úbeda, la Torre
de Pero Gil, bajo este sol de fuego,
triste burgo de España. El coche rueda
entre grises olivos polvorientos.
Allá, el castillo heroico.
En la plaza, mendigos y chicuelos:
una orgía de harapos...
Pasamos frente al atrio del convento
de la Misericordia.
¡Los blancos muros, los cipreses negros!
¡Agria melancolía
como asperón de hierro
que raspa el corazón! ¡Amurallada
piedad, erguida en este basurero!...
Esta casa de Dios, decid, hermanos,
esta casa de Dios, ¿qué guarda dentro?
Y ese pálido joven,
asombrado y atento,
que parece mirarnos con la boca,
será el loco del pueblo,
de quien se dice: es Lucas,
Blas o Ginés, el tonto que tenemos.
Seguimos. Olivares. Los olivos
están en flor. El carricoche lento,
al paso de dos pencos matalones,
camina hacia Peal. Campos ubérrimos.
La tierra da lo suyo; el sol trabaja;
el hombre es para el suelo:
genera, siembra y labra
y su fatiga unce la tierra al cielo.
Nosotros enturbiamos

la fuente de la vida, el sol primero,
con nuestros ojos tristes,
con nuestro amargo rezo,
con nuestra mano ociosa,
con nuestro pensamiento
—se engendra en el pecado,
se vive en el dolor. ¡Dios está lejos!—.
Esta piedad erguida
sobre este burgo sórdido, sobre este basurero,
esta casa de Dios, decid, oh santos
cañones de von Kluck, ¿qué guarda dentro?

CXXXIII. LLANTO DE LAS VIRTUDES Y COPLAS POR LA MUERTE DE DON GUIDO

Al fin, una pulmonía
mató a don Guido, y están
las campanas todo el día
doblando por él ¡din-dan!
Murió don Guido, un señor
de mozo muy jaranero,
muy galán y algo torero;
de viejo, gran rezador.
Dicen que tuvo un serrallo
este señor de Sevilla;
que era diestro
en manejar el caballo
y un maestro
en refrescar manzanilla.
Cuando mermó su riqueza,
era su monomanía
pensar que pensar debía
en asentar la cabeza.
Y asentola
de una manera española,
que fue casarse con una
doncella de gran fortuna;
y repintar sus blasones,
hablar de las tradiciones
de su casa,
a escándalos y amoríos
poner tasa,
sordina a sus desvaríos.
Gran pagano,
se hizo hermano

de una santa cofradía;
el Jueves Santo salía,
llevando un cirio en la mano
—¡aquel trueno!—,
vestido de nazareno.
Hoy nos dice la campana
que han de llevarse mañana
al buen don Guido, muy serio,
camino del cementerio.
Buen don Guido, ya eres ido
y para siempre jamás…
Alguien dirá: ¿Qué dejaste?
Yo pregunto: ¿Qué llevaste
al mundo donde hoy estás?
　¿Tu amor a los alamares
y a las sedas y a los oros,
y a la sangre de los toros
y al humo de los altares?
　Buen don Guido y equipaje,
¡buen viaje!…
El acá
y el allá
caballero,
se ve en tu rastro marchito,
lo infinito:
cero, cero.
　¡Oh las enjutas mejillas,
amarillas,
y los párpados de cera,
y la fina calavera
en la almohada del lecho!
　¡Oh fin de una aristocracia!
La barba canosa y lacia
sobre el pecho;

metido en tosco sayal,
las yertas manos en cruz,
¡tan formal!
el caballero andaluz.

CXXXV. EL MAÑANA EFÍMERO

A Roberto Castrovido

La España de charanga y pandereta,
cerrado y sacristía,
devota de Frascuelo y de María,
de espíritu burlón y de alma quieta,
ha de tener su mármol y su día,
su infalible mañana y su poeta.
El vano ayer engendrará un mañana
vacío y ¡por ventura! pasajero.
Será un joven lechuzo y tarambana,
un sayón con hechuras de bolero,
a la moda de Francia realista,
un poco al uso de París pagano,
y al estilo de España especialista
en el vicio al alcance de la mano.
Esa España inferior que ora y bosteza,
vieja y tahúr, zaragatera y triste;
esa España inferior que ora y embiste,
cuando se digna usar de la cabeza,
aun tendrá luengo parto de varones
amantes de sagradas tradiciones
y de sagradas formas y maneras;
florecerán las barbas apostólicas,
y otras calvas en otras calaveras
brillarán, venerables y católicas.
El vano ayer engendrará un mañana
vacío y ¡por ventura! pasajero,
la sombra de un lechuzo tarambana,
de un sayón con hechuras de bolero;
el vacuo ayer dará un mañana huero.

Como la náusea de un borracho ahíto
de vino malo, un rojo sol corona
de heces turbias, las cumbres de granito;
hay un mañana estomagante escrito
en la tarde pragmática y dulzona.
Mas otra España nace,
la España del cincel y de la maza,
con esa eterna juventud que se hace
del pasado macizo de la raza.
Una España implacable y redentora,
España que alborea
con un hacha en la mano vengadora,
España de la rabia y de la idea.

CXXXVI. PROVERBIOS Y CANTARES

IV

Nuestras horas son minutos
cuando esperamos saber,
y siglos cuando sabemos
lo que se puede aprender.

VI

De lo que llaman los hombres
virtud, justicia y bondad,
una mitad es envidia,
y la otra no es caridad.

X

La envidia de la virtud
hizo a Caín criminal.
¡Gloria a Caín! Hoy el vicio
es lo que se envidia más.

XII

¡Ojos que a la luz se abrieron
un día para, después,
ciegos tornar a la tierra,
hartos de mirar sin ver.

XVI

El hombre es por natura la bestia paradójica,
un animal absurdo que necesita lógica.
Creó de nada un mundo y, su obra terminada,
«Ya estoy en el secreto —se dijo—, todo es nada».

XXI

Ayer soñé que veía
a Dios y que a Dios hablaba;
y soñé que Dios me oía...
Después soñé que soñaba.

XXIII

No extrañéis, dulces amigos,
que esté mi frente arrugada:
yo vivo en paz con los hombres
y en guerra con mis entrañas.

XXVI

Poned sobre los campos
un carbonero, un sabio y un poeta.
Veréis cómo el poeta admira y calla,
el sabio mira y piensa...
Seguramente, el carbonero busca
las moras o las setas.
Llevadlos al teatro
y sólo el carbonero no bosteza.

Quien prefiere lo vivo a lo
pintado
es el hombre que piensa,
canta o sueña.
El carbonero tiene
llena de fantasías la cabeza.

XXIX

Caminante, son tus huellas
el camino, y nada más;
caminante, no hay camino,
se hace camino al andar.
Al andar se hace camino,
y al volver la vista atrás
se ve la senda que nunca
se ha de volver a pisar.
Caminante, no hay camino,
sino estelas en la mar.

XXXI

Corazón, ayer sonoro,
¿ya no suena
tu monedilla de oro?
Tu alcancía,
antes que el tiempo la rompa,
¿se irá quedando vacía?
Confiemos
en que no será verdad
nada de lo que sabemos.

XXXV

Hay dos modos de conciencia:
una es luz, y otra, paciencia.
Una estriba en alumbrar
un poquito el hondo mar;
otra, en hacer penitencia
con caña o red, y esperar
el pez, como pescador.
Dime tú: ¿Cuál es mejor?
¿Conciencia de visionario
que mira en el hondo acuario
peces vivos,
fugitivos,
que no se pueden pescar,
o esa maldita faena
de ir arrojando a la arena,
muertos, los peces del mar?

XLI

Bueno es saber que los vasos
nos sirven para beber;
lo malo es que no sabemos
para qué sirve la sed.

XLIV

Todo pasa y todo queda,
pero lo nuestro es pasar,
pasar haciendo caminos,
caminos sobre la mar.

XLVI

Anoche soñé que oía
a Dios, gritándome: ¡Alerta!
Luego era Dios quien dormía,
y yo gritaba: ¡Despierta!

L

—Nuestro español bosteza.
¿Es hambre? ¿Sueño? ¿Hastío?
Doctor, ¿tendrá el estómago vacío?
—El vacío es más bien en la cabeza.

LIII

Ya hay un español que quiere
vivir y a vivir empieza,
entre una España que muere
y otra España que bosteza.
Españolito que vienes
al mundo, te guarde Dios.
Una de las dos Españas
ha de helarte el corazón.

CXXVII. PARÁBOLAS

VI

El Dios que todos llevamos,
el Dios que todos hacemos,
el Dios que todos buscamos
y que nunca encontraremos.
Tres dioses o tres personas
del solo Dios verdadero.

CXXXIX. A DON FRANCISCO GINER DE LOS RÍOS

Como se fue el maestro,
la luz de esta mañana
me dijo: Van tres días
que mi hermano Francisco no trabaja.
¿Murió?... Sólo sabemos
que se nos fue por una senda clara,
diciéndonos: Hacedme
un duelo de labores y esperanzas.
Sed buenos y no más, sed lo que he sido
entre vosotros: alma.
Vivid, la vida sigue,
los muertos mueren y las sombras pasan,
lleva quien deja y vive el que ha vivido.
¡Yunques, sonad; enmudeced, campanas!
    Y hacia otra luz más pura
partió el hermano de la luz del alba,
del sol de los talleres,
el viejo alegre de la vida santa.
... ¡Oh, sí, llevad, amigos,
su cuerpo a la montaña,
a los azules montes
del ancho Guadarrama.
Allí hay barrancos hondos
de pinos verdes donde el viento canta.
Su corazón repose
bajo una encina casta,
en tierra de tomillos, donde juegan
mariposas doradas...
Allí el maestro un día
soñaba un nuevo florecer de España.

Baeza, 21 de febrero de 1915

92

CXLII. MARIPOSA DE LA SIERRA

A Juan Ramón Jiménez, por su libro Platero y yo

¿No eres tú, mariposa,
el alma de estas sierras solitarias,
de sus barrancos hondos,
y de sus cumbres agrias?
Para que tú nacieras,
con su varita mágica
a las tormentas de la piedra, un día,
mandó callar un hada,
y encadenó los montes
para que tú volaras.
Anaranjada y negra,
morenita y dorada,
mariposa montés, sobre el romero
plegadas las alillas o, voltarias,
jugando con el sol, o sobre un rayo
de sol crucificadas.
¡Mariposa montés y campesina,
mariposa serrana,
nadie ha pintado tu color; tú vives
tu color y tus alas
en el aire, en el sol, sobre el romero,
tan libre, tan salada!…
Que Juan Ramón Jiménez
pulse por ti su lira franciscana.

Sierra de Cazorla, 28 de mayo de 1915

CXLIII. DESDE MI RINCÓN

ELOGIOS

Al libro Castilla, *del maestro Azorín con motivos del mismo*

Con este libro de melancolía
toda Castilla a mi rincón me llega;
Castilla la gentil y la bravía,
la parda y la manchega.
¡Castilla, España de los largos ríos
que el mar no ha visto y corre hacia los mares;
Castilla de los páramos sombríos,
Castilla de los negros encinares!
Labriegos transmarinos y pastores
trashumantes —arados y merinos—,
labriegos con talante de señores,
pastores del color de los caminos.
Castilla de grisientos peñascales,
pelados serrijones,
barbechos y trigales,
malezas y cambrones.
Castilla azafranada y polvorienta,
sin montes, de arreboles purpurinos.
Castilla visionaria y soñolienta
de llanuras, viñedos y molinos.
Castilla —hidalgos de semblante enjuto,
rudos jaques y orondos bodegueros—,
Castilla —trajinantes y arrieros
de ojos inquietos, de mirar astuto—,
mendigos rezadores,
y frailes pordioseros,
boteros, tejedores,

arcadores, perailes, chicarreros,
lechuzos y rufianes,
fulleros y truhanes,
caciques y tahúres y logreros.
¡Oh venta de los montes! —Fuencebada,
Fonfría, Oncala, Manzanal. Robledo—,
¡Mesón de los caminos y posada
de Esquivias, Salas, Almazán, Olmedo!
La ciudad diminuta y la campana
de las monjas que tañe, cristalina…
¡Oh dueña doñeguil tan de mañana
y amor de Juan Ruiz a doña Endrina!
Las comadres —Gerarda y Celestina—.
Los amantes —Fernando y Dorotea—.
¡Oh casa, oh huerto, oh sala silenciosa!
¡Oh divino vasar en donde posa
sus *dulces ojos verdes Melibea!*
¡Oh jardín de cipreses y rosales,
donde Calisto ensimismado piensa
que tornan con las nubes inmortales
las mismas olas de la mar inmensa!
¡Y este hoy que mira a ayer; y este mañana
que nacerá tan viejo!
¡Y esta esperanza vana
de romper el encanto del espejo!
¡Y esta agua amarga de la fuente ignota!
¡Y este filtrar la gran hipocondría
de España siglo a siglo y gota a gota!
¡Y esta alma de *Azorín*… y esta alma mía
que está viendo pasar, bajo la frente,
de una España la inmensa galería,

cual pasa del ahogado en la agonía
todo su ayer, vertiginosamente!
Basta, *Azorín,* yo creo
en el alma sutil de tu Castilla,
y en esa maravilla
de tu hombre triste del balcón, que veo
siempre añorar, la mano en la mejilla.
Contra el gesto del persa, que azotaba
la mar con su cadena;
contra la flecha que el tahúr tiraba
al cielo, creo en la palabra buena.
Desde un pueblo que ayuna y se divierte,
ora y eructa, desde un pueblo impío
que juega al mus, de espaldas a la muerte,
creo en la libertad y en la esperanza,
y en una fe que nace
cuando se busca a Dios y no se alcanza,
y en el Dios que se lleva y que se hace.

ENVÍOS

¡Oh, tú, *Azorín,* que de la mar de Uiises
viniste al ancho llano
en donde el gran Quijote, el buen Quijano,
soñó con Esplandianes y Amadises;
buen *Azorín,* por adopción manchego,
que guardas tu alma ibera,
tu corazón de fuego
bajo el regio almidón de tu pechera
—un poco libertario
de cara a la doctrina,
¡admirable *Azorín,* el reaccionario
por asco de la greña jacobina!—;
pero tranquilo, varonil —la espada
ceñida a la cintura
y con santo rencor acicalada—,
sereno en el umbral de tu aventura!
¡Oh, tú, *Azorín,* escucha; España quiere
surgir, brotar, toda una España empieza!
¿Y ha de helarse en la España que se muere?
¿Ha de ahogarse en la España que bosteza?
Para salvar la nueva epifanía
hay que acudir, ya es hora,
con el hacha y el fuego al nuevo día.
Oye cantar los gallos de la aurora.

Baeza, 1913

CXLIV. UNA ESPAÑA JOVEN

...Fue un tiempo de mentira, de infamia. A España toda,
la malherida España, de Carnaval vestida
nos la pusieron, pobre y escuálida y beoda,
para que no acertara la mano con la herida.

Fue ayer; éramos casi adolescentes; era
con tiempo malo, encinta de lúgubres presagios,
cuando montar quisimos en pelo una quimera,
mientras la mar dormía ahíta de naufragios.

Dejamos en el puerto la sórdida galera,
y en una nave de oro nos plugo navegar
hacia los altos mares, sin aguardar ribera,
lanzando velas y anclas y gobernalle al mar.

Ya entonces, por el fondo de nuestro sueño —herencia
de un siglo que vencido sin gloria se alejaba—
un alba entrar quería; con nuestra turbulencia
la luz de las divinas ideas batallaba.

Mas cada cual el rumbo siguió de su locura;
agilitó su brazo, acreditó su brío;
dejó como un espejo bruñida su armadura
y dijo: «El hoy es malo, pero el mañana... es mío».

Y es hoy aquel mañana de ayer... Y España toda,
con sucios oropeles de Carnaval vestida
aún la tenemos: pobre y escuálida y beoda;
mas hoy de un vino malo: la sangre de su herida.

Tú, juventud más joven, si de más alta cumbre
la voluntad te llega, irás a tu ventura
despierta y transparente a la divina lumbre,
como el diamante clara, como el diamante pura.

CLI. A DON MIGUEL DE UNAMUNO

Por su libro Vida de Don Quijote y Sancho

Este donquijotesco
don Miguel de Unamuno, fuerte vasco,
lleva el arnés grotesco
y el irrisorio casco
del buen manchego. Don Miguel camina,
jinete de quimérica montura,
metiendo espuela de oro a su locura,
sin miedo de la lengua que malsina.
A un pueblo de arrieros,
lechuzos y tahúres y logreros
dicta lecciones de Caballería.
Y el alma desalmada de su raza,
que bajo el golpe de su férrea maza
aún duerme, puede que despierte un día.
Quiere enseñar el ceño de la duda,
antes de que cabalgue, al caballero;
cual nuevo Hamlet, a mirar desnuda
cerca del corazón la hoja de acero.
Tiene el aliento de una estirpe fuerte
que soñó más allá de sus hogares,
y que el oro buscó tras de los mares.
Él señala la gloria tras la muerte.
Quiere ser fundador, y dice: Creo;
Dios y adelante el ánima española…
Y es tan bueno y mejor que fue Loyola:
sabe a Jesús y escupe al fariseo.

NUEVAS CANCIONES (1917-1930)

CLIII. OLIVO DEL CAMINO

A la memoria de D. Cristóbal Torro

I

Parejo de la encina castellana
crecida sobre el páramo, señero
en los campos de Córdoba la llana
que dieron su caballo al Romancero,
lejos de tus hermanos
que vela el ceño campesino —enjutos
pobladores de lomas y altozanos,
horros de sombra, grávidos de frutos—,
sin caricia de mano labradora
que limpie tu ramaje, y por olvido,
viejo olivo, del hacha leñadora,
¡cuán bello estás junto a la fuente erguido,
bajo este azul cobalto
como un árbol silvestre, espeso y alto!

CLV. HACIA TIERRA BAJA

I

Rejas de hierro; rosas de grana.
¿A quién esperas,
con esos ojos y esas ojeras
enjauladita como las fieras,
tras de los hierros de tu ventana?
Entre las rejas y los rosales,
¿sueñas amores
de bandoleros galanteadores,
fieros amores entre puñales?
Rondar tu calle nunca verás
ese que esperas; porque se fue
toda la España de Mérimée.
Por esta calle —tú elegirás—
pasa un notario
que va al tresillo del boticario,
y un usurero, a su rosario.
También yo paso, viejo y
tristón.
Dentro del pecho llevo un león.

CLVI. GALERÍAS

II

El monte azul, el río, las erectas
varas cobrizas de los finos álamos,
y el blanco del almendro en la colina,
¡oh nieve en flor y mariposa en árbol!
Con el aroma del habar, el viento
corre en la alegre soledad del campo.

III

Una centella blanca
en la nube de plomo culebrea.
¡Los asombrados ojos
del niño, y juntas cejas
—está el salón oscuro— de la madre!...
¡Oh cerrado balcón de la tormenta!
El viento aborrascado y el granizo
en el limpio cristal repiquetean.

VI

¿Quién puso, entre las rocas de ceniza,
para la miel del sueño,
esas retamas de oro
y esas azules flores del romero?

La sierra de violeta
y, en el poniente, el azafrán del cielo,
¿quién ha pintado? ¡El abejar, la ermita,
el tajo sobre el río, el sempiterno
rodar del agua entre las hondas peñas,
y el rubio verde de los campos nuevos,
y todo, hasta la tierra blanca y rosa
al pie de los almendros!

CLVII. LA LUNA, LA SOMBRA Y EL BOTÓN

I

Fuera, la luna platea
cúpulas, torres, tejados;
dentro, mi sombra pasea
por los muros encalados.
Con esta luna, parece
que hasta la sombra envejece.
Ahorremos la serenata
de una cenestesia ingrata,
y una vejez intranquila,
y una luna de hojalata.
Cierra tu balcón, Lucila.

CLX. CANCIONES DEL ALTO DUERO

Canción de mozas.

IV

En las tierras de Soria,
azul y nieve.
Leñador es mi amante
de pinos verdes.
¡Quién fuera el águila
para ver a mi dueño
cortando ramas!

CLXI. PROVERBIOS Y CANTARES

A José Ortega y Gasset

I

El ojo que ves no es
ojo porque tú lo veas;
es ojo porque te ve.

V

Entre el vivir y el soñar
hay una tercera cosa.
Adivínala.

VIII

Hoy es siempre todavía.

XIV

Nunca traces tu frontera,
ni cuides de tu perfil;
todo es cosa de fuera.

XV

Busca a tu complementario,
que marcha siempre contigo,
y suele ser tu contrario.

XVII

En mi soledad
he visto cosas muy claras,
que no son verdad.

XXIV

Despacito y buena letra:
el hacer las cosas bien
importa más que el hacerlas.

XXXVI

No es el yo fundamental
eso que busca el poeta,
sino el tú esencial.

XLII

Enseña el Cristo: a tu prójimo
amarás como a ti mismo,
mas nunca olvides que es otro.

XLIX

¿Dijiste media verdad?
Dirán que mientes dos veces
si dices la otra mitad.

LIII

Tras el vivir y el soñar,
está lo que más importa:
despertar.

LXIII

Sentía los cuatro vientos,
en la encrucijada
de su pensamiento.

LXIV

¿Conoces los invisibles
hiladores de los sueños?
Son dos: la verde esperanza
y el torvo miedo.
Apuesta tienen de quién
hile más y más ligero,
ella, su copo dorado;
él, su copo negro.
Con el hilo que nos dan
tejemos, cuando tejemos.

LXVI

Poned atención:
un corazón solitario
no es un corazón.

LXVIII

Todo necio
confunde valor y precio.

LXXI

Da doble luz a tu verso,
para leído de frente
y al sesgo.

LXXXV

¿Tu verdad? No, la Verdad,
y ven conmigo a buscarla.
La tuya, guárdatela.

LXXXVI

Tengo a mis amigos
en mi soledad;
cuando estoy con ellos
¡qué lejos están!

XCIX

—¿Mas el arte?…
—Es puro juego,
que es igual a pura vida,
que es igual a puro fuego.
Veréis el ascua encendida.

CLXIV. GLOSANDO A RONSARD
Y OTRAS RIMAS

Un poeta manda su retrato a
una bella dama, que le había enviado
el suyo.

I

Cuando veáis esta sumida boca
que ya la sed ni inquieta, la mirada
tan desvalida (su mitad, guardada
en viejo estuche, es de cristal de roca),
la barba que platea, y el estrago
del tiempo en la mejilla, hermosa dama,
diréis: ¿a qué volver sombra por llama,
negra moneda de joyel en pago?
¿Y qué esperáis de mí? Cuando a deshora
pasa un alba, yo sé que bien quisiera
el corazón su flecha más certera
arrancar de la aljaba vengadora.
¿No es mejor saludar la primavera,
y devolver sus alas a la aurora?

AL ESCULTOR EMILIANO BARRAL

…Y tu cincel me esculpía
en una piedra rosada,
que lleva una aurora fría
eternamente encantada.
Y la agria melancolía
de una soñada grandeza,
que es lo español (fantasía
con que adobar la pereza),
fue surgiendo de esa roca,
que es mi espejo,
línea a línea, plano a plano,
y mi boca de sed poca,
y, so el arco de mi cejo,
dos ojos de un ver lejano,
que yo quisiera tener
como están en tu escultura:
cavados en piedra dura,
en piedra, para no ver.

Madrid, 1922

EN TREN. FLOR DE VERBASCO

A los jóvenes poetas que me honraron
con su visita en Segovia

Sanatorio del alto Guadarrama,
más allá de la roca cenicienta
donde el chivo barbudo se encarama,
mansión de noche larga y fiebre lenta,
¿guardas mullida cama,
bajo seguro techo,
donde repose el huésped dolorido
del labio exangüe y el angosto pecho,
amplio balcón al campo florecido?
¡Hospital de la sierra!...
    El tren, ligero,
rodea el monte y el pinar; emboca
por un desfiladero,
ya pasa al borde de tajada roca,
ya enarca, enhila o su convoy ajusta
al serpear de su carril de acero.
Por donde el tren avanza, sierra augusta,
yo te sé peña a peña y rama a rama;
conozco el agrio olor de tu romero,
vi la amarilla flor de tu retama;
los cantuesos morados, los jarales
blancos de primavera; muchos soles
incendiar tus desnudos berrocales,
reverberar en tus macizas moles.
Mas hoy, mientras camina
el tren, en el saber de tus pastores
pienso no más y —perdonad, doctores—
rememoro la vieja medicina.

¿Ya no se cuecen flores de verbasco?
¿No hay milagros de hierba montesina?
¿No brota el agua santa del peñasco?
  Hospital de la sierra, en tus mañanas
de auroras sin campanas,
cuando la niebla va por los barrancos
o, desgarrada en el azul, enreda
sus guedejones blancos
en los picos de la áspera roqueda;
cuando el doctor —sienes de plata— advierte
los gráficos del muro y examina
los diminutos pasos de la muerte,
del áureo microscopio en la platina,
oirán en tus alcobas ordenadas,
orejas bien sutiles,
hundidas en las tibias almohadas,
el trajinar de estos ferrocarriles.

  Lejos, Madrid se otea.
Y la locomotora
resuella, silba, humea
y su riel metálico devora,
ya sobre el ancho campo que verdea.
Mariposa montés, negra y dorada,
al azul de la abierta ventanilla
ha asomado un momento, y remozada,
una encina, de flor verdiamarilla…
Y pasan chopo y chopo en larga hilera,
los almendros del huerto junto al río…
Lejos quedó la amarga primavera
de la alta casa en Guadarrama frío.

LOS SUEÑOS DIALOGADOS

I

¡Cómo en alto llano tu figura
se me aparece!... Mi palabra evoca
el prado verde y la árida llanura,
la zarza en flor, la cenicienta roca.
Y al recuerdo obediente, negra encina
brota en el cerro, baja el chopo al río;
el pastor va subiendo a la colina;
brilla un balcón de la ciudad: el mío,
el nuestro. ¿Ves? Hacia Aragón, lejana,
la sierra de Moncayo, blanca y rosa...
Mira el incendio de esa nube grana,
y aquella estrella en el azul, esposa.
Tras el Duero, la loma de Santana
se amorata en la tarde silenciosa.

II

¿Por qué, decisme, hacia los altos llanos
huye mi corazón de esta ribera,
y en esta tierra labradora y marinera
suspiro por los yermos castellanos?
Nadie elige su amor. Llevome un día
mi destino a los grises calvijares
donde ahuyenta al caer la nieve fría
las sombras de los muertos encinares.
De aquel trozo de España, alto y roquero,
hoy traigo a ti, Guadalquivir florido,
una mata del áspero romero.
Mi corazón está donde ha nacido
no a la vida, al amor, cerca del Duero...
¡El muro blanco y el ciprés erguido!

DE MI CARTERA

I

Ni mármol duro y eterno,
ni música ni pintura,
sino palabra en el tiempo.

II

Canto y cuento es la poesía.
Se canta una viva historia,
contando su melodía.

1924

CLXV. SONETOS

IV

Esta luz de Sevilla… Es el palacio
donde nací, con su rumor de fuente.
Mi padre, en su despacho. —La alta frente,
la breve mosca, y el bigote lacio—.
   Mi padre, aún joven. Lee, escribe, hojea
sus libros y medita. Se levanta;
va hacia la puerta del jardín. Pasea.
A veces habla solo, a veces canta.
   Sus grandes ojos de mirar inquieto
ahora vagar parecen, sin objeto
donde puedan posar, en el vacío.
   Ya escapan de su ayer a su mañana;
ya miran en el tiempo, ¡padre mío!,
piadosamente mi cabeza cana.

V

Huye del triste amor, amor pacato,
sin peligro, sin venda ni aventura,
que espera del amor prenda segura,
porque en amor locura es lo sensato.
Ese que el pecho esquiva al niño ciego
y blasfemó del fuego de la vida,
de una brasa pensada, y no encendida,
quiere ceniza que le guarde el fuego.
Y ceniza hallará, no de su llama,
cuando descubra el torpe desvarío
que pedía, sin flor, fruto en la rama.
Con negra llave el aposento frío
de su tiempo abrirá. ¡Desierta cama,
y turbio espejo y corazón vacío!

CLXVI. VIEJAS CANCIONES

III

Cerca de Úbeda la grande,
cuyos cerros nadie verá,
me iba siguiendo la luna
sobre el olivar,
una luna jadeante,
siempre conmigo a la par.
Yo pensaba: ¡bandoleros
de mi tierra!, al caminar
en mi caballo ligero.
¡Alguno conmigo irá!
Que esta luna me conoce
y, con el miedo, me da
el orgullo de haber sido
alguna vez capitán.

DE UN CANCIONERO APÓCRIFO

CLXVII. ABEL MARTÍN

Abel Martín, poeta y filósofo. Nació en
Sevilla (1840). Murió en Madrid (1898)

ROSA DE FUEGO

Tejidos sois de primavera, amantes,
de tierra y agua y viento y sol tejidos.
La sierra en vuestros pechos jadeantes,
en los ojos los campos florecidos,
pasead vuestra mutua primavera,
y aun bebed sin temor la dulce leche
que os brinda hoy la lúbrica pantera,
antes que, torva, en el camino aceche.
Caminad, cuando el eje del planeta
se vence hacia el solsticio de verano,
verde el almendro y mustia la violeta,
cerca la sed y el hontanar cercano,
hacia la tarde del amor, completa,
con la rosa de fuego en vuestra mano.

AL GRAN CERO

Cuando el *Ser que se es* hizo la nada
y reposó, que bien lo merecía,
ya tuvo el día noche, y compañía
tuvo el hombre en la ausencia de la amada.
   Fiat umbra! Brotó el pensar humano.
Y el huevo universal alzó, vacío,
ya sin color, desustanciado y frío,
lleno de niebla ingrávida, en su mano.
   Toma el cero integral, la hueca esfera,
que has de mirar, si lo has de ver, erguido.
Hoy que es espalda el lomo de tu fiera,
   y es el milagro del no ser cumplido,
brinda, poeta, un canto de frontera
a la muerte, al silencio y al olvido.

CLXXI. A LA MANERA DE JUAN DE MAIRENA

APUNTES PARA UNA GEOGRAFÍA EMOTIVA DE ESPAÑA

II

Tiene una boca de fuego
y una cintura de azogue.
Nadie la bese.
Nadie la toque.
Cuando el látigo del viento
suena en el campo: ¡amapola!
(como llama que se apaga
o beso que no se logra)
su nombre pasa y se olvida.
Por eso nadie la nombra.
Lejos, por los espartales,
más allá de los olivos,
hacia las adelfas
y los tarayes del río,
con esta luna de la madrugada,
¡amazona gentil del campo frío!…

CLXXII. ABEL MARTÍN. LOS COMPLEMENTARIOS
RECUERDOS DE SUEÑO, FIEBRE Y DUERMEVELA

III

Era la tierra desnuda,
y un frío viento, de cara,
con nieve menuda.
Me eché a caminar
por un encinar de sombra:
la sombra de un encinar.
El sol las nubes rompía
con sus trompetas de plata.
La nieve ya no caía.
La vi un momento asomar
en las torres del olvido.
Quise y no pude gritar.

CLXXIII. CANCIONES A GUIOMAR

II

En un jardín te he soñado,
alto, Guiomar, sobre el río,
jardín de un tiempo cerrado
con verjas de hierro frío.
Un ave insólita canta
en el almez, dulcemente,
junto al agua viva y santa,
toda sed y toda fuente.
En ese jardín, Guiomar,
el mutuo jardín que inventan
dos corazones al par,
se funden y complementan
nuestras horas. Los racimos
de un sueño —juntos estamos—
en limpia copa exprimimos,
y el doble cuento olvidamos.
(Uno: Mujer y varón,
aunque gacela y león,
llegan juntos a beber.
El otro: No puede ser
amor de tanta fortuna:
dos soledades en una,
ni aun de varón y mujer).

*

Por ti la mar ensaya olas y espumas,
y el iris, sobre el monte, otros colores,
y el faisán de la aurora canto y plumas,
y el búho de Minerva ojos mayores.
Por ti, ¡oh Guiomar!…

III

Tu poeta
piensa en ti. La lejanía
es de limón y violeta,
verde el campo todavía.
Conmigo vienes, Guiomar;
nos sorbe la serranía.
De encinar en encinar
se va fatigando el día.
El tren devora y devora
día y riel. La retama
pasa en sombra; se desdora
el oro de Guadarrama.
Porque una diosa y su amante
huyen juntos, jadeante,
los sigue la luna llena.
El tren se esconde y resuena
dentro de un monte gigante.
Campos yermos, cielo alto.

Tras los montes de granito
y otros montes de basalto,
ya es la mar y el infinito.
Juntos vamos; libres somos.
Aunque el Dios, como en el cuento
fiero rey, cabalgue a lomos
del mejor corcel del viento,
aunque nos jure, violento,
su venganza,
aunque ensille el pensamiento,
libre amor, nadie lo alcanza.

CLXXIV. OTRAS CANCIONES A GUIOMAR

A LA MANERA DE ABEL MARTÍN Y DE JUAN DE MAIRENA

I

¡Sólo tu figura,
como una centella blanca,
en mi noche oscura!

*

¡Y en la tersa arena,
cerca de la mar,
tu carne rosa y morena,
súbitamente, Guiomar!

*

En el gris del muro,
cárcel y aposento,
y en un paisaje futuro
con sólo tu voz y el viento;

*

en el nácar frío
de tu zarcillo en mi boca,
Guiomar, y en el calofrío
de una amanecida loca;

*

asomada al malecón
que bate la mar de un sueño,
y bajo el arco del ceño
de mi vigilia, a traición,
¡siempre tú!
Guiomar, Guiomar,
mírame en ti castigado:
reo de haberte creado,
ya no te puedo olvidar.

II

Todo amor es fantasía;
él inventa el año, el día,
la hora y su melodía;
inventa el amante y, más,
la amada. No prueba nada,
contra el amor, que la amada
no haya existido jamás.

III

Escribiré en tu abanico:
te quiero para olvidarte,
para quererte te olvido.

CLXXV. MUERTE DE ABEL MARTÍN

Pensando que no veía
porque Dios no le miraba,
dijo Abel cuando moría:
Se acabó lo que se daba.
(J. de Mairena, *Epigramas*)

III

Y vio la musa esquiva,
de pie junto a su lecho, la enlutada,
la dama de sus calles, fugitiva,
la imposible al amor y siempre amada.
Díjole Abel: Señora,
por ansia de tu cara descubierta,
he pensado vivir hacia la aurora
hasta sentir mi sangre casi yerta.
Hoy sé que no eres tú quien yo creía;
mas te quiero mirar y agradecerte
lo mucho que me hiciste compañía
con tu frío desdén.
Quiso la muerte
sonreír a Martín, y no sabía.

POESÍAS DE «SOLEDADES» (1808-1907)

II. INVIERNO

Hoy la carne aterida
el rojo hogar en el rincón obscuro
busca medrosa. El huracán frenético
ruge y silba, y el árbol esquelético.
se abate en el jardín y azota el muro.
Llueve. Tras el cristal de la ventana,
turbio, la tarde parda y rencorosa
se ve flotar en el paisaje yerto,
y la nube lejana
suda amarilla palidez de muerto.
El cipresal sombrío
lejos negrea, y el pinar menguado,
que se esfuma en el aire achubascado,
se borra al pie del Guadarrama frío.

IX. PRELUDIO

El pífano de abril sonó en mi oído
lento, muy lento y sibilante y suave...
De la campana resonó el tañido
como un suspiro seco y sordo y grave.
El pífano de abril lento decía:
Tu corazón verdece,
tu sueño está ya en flor. Y el son plañía
de la campana: Hoy a la sombra crece
de tu sueño también, la flor sombría.

XXI. SOLEDADES

I

O que yo pueda asesinar un día
en mi alma, al despertar, esa persona
que me hizo el mundo mientras yo dormía.

II

O que el amor me lleve
donde llorar yo pueda…
Y lejos de mi orgullo
y a solas con mi pena.

XXVII. APUNTES, PARÁBOLAS, PROVERBIOS Y CANTARES

II

Si me tengo que morir
poco me importa aprender.
Y si no puedo saber,
poco me importa vivir.

XXVIII. TRES CANTARES ENVIADOS A UNAMUNO EN 1913

2

O tú yo jugando estamos
al escondite, Señor,
o la voz con que te llamo
es tu voz.

3

Por todas partes te busco
sin encontrarte jamás,
y en todas partes te encuentro
sólo por irte a buscar.

CCXI. EN EL TIEMPO / 1882-1890-1892 / MI PADRE

Ya casi tengo un retrato
de mi buen padre, en el tiempo,
pero el tiempo se lo va llevando.
Mi padre, cazador —en la ribera
de Guadalquivir ¡en un día tan claro!
es el cañón azul de su escopeta
y del tiro certero el humo blanco—.
Mi padre en el jardín de nuestra casa,
mi padre, entre sus libros, trabajando.
Los ojos grandes, la alta frente,
el rostro enjuto, los bigotes lacios.
Mi padre escribe (letra diminuta)
medita, sueña, sufre, habla alto.
Pasea —oh padre mío ¡todavía!
estás ahí, el tiempo no te ha borrado—.
Ya soy más viejo que eras tú, padre mío, cuando me besabas.
Pero en el recuerdo, soy también el niño que tú llevabas de la mano.
¡Muchos años pasaron sin que yo te recordara, padre mío!
¿Dónde estabas tú en esos años?

13 de marzo de 1916

LVI. APUNTES Y CANCIONES

2

La cigüeña absorta,
sobre su nido de ramas,
mirando la tarde roja.

LXIV. COPLAS POPULARES
Y NO POPULARES ANDALUZAS

2

Tres veces dormí contigo,
tres veces infiel me fuiste,
morena, conmigo mismo.

LXVI. NOCHES DE CASTILLA

¡Luna llena, luna llena,
tan oronda,
tan redonda,
en esta noche serena!
    Alegre luna de marzo
tras el azul de la sierra,
tú eres un panal de luz
que labran blancas abejas.
    Sobre los pinos del monte,
madona, sobre la piedra
del áspero Guadarrama,
miras mi ventana abierta.
    Yo te veo, clara luna,
siempre pensativa y buena,
con tus tijeras de plata
cortando el azul en vendas,
o hilando la seda fina
de tus gusanos de seda.
    Tú y yo, silenciosamente,
trabajamos, compañera,
en esta noche de marzo,
hilo a hilo, letra a letra
¡con cuánto amor! mientras duerme
el campo de primavera.

CANCIONERO APÓCRIFO

5. *Antonio Machado*. Nació en Sevilla, en 1895. Fue profesor en Soria, Baeza, Segovia y Teruel. Murió en Huesca, en fecha no precisada. Algunos lo han confundido con el célebre poeta del mismo nombre, autor de *Soledades, Campos de Castilla*, etcétera.

Nunca un amor sin venda ni aventura;
huye del triste amor, de amor pacato
que espera del amor prenda segura
sin locura de amor, ¡el insensato!
Ese que el pecho esquiva al niño ciego,
y blasfema del fuego de la vida,
quiere ceniza que le guarde el fuego
de una brasa pensada y no encendida.
Y ceniza hallará, no de su llama,
cuando descubra el torpe el desvarío
que pedía sin flor fruto a la rama.
Con negra llave el aposento frío
de su cuarto abrirá. ¡Oh, desierta cama
y turbio espejo! ¡Y corazón vacío!

12. *Andrés Santallana.* Nació en Madrid en 1899.

EL MILAGRO

En Segovia, una tarde, de paseo
por la alameda que el Eresma baña,
para leer mi Biblia
eché mano al estuche de las gafas
en busca de ese andamio de mis ojos,
mi volado balcón de la mirada.
Abrí el estuche, con el gesto firme
y doctoral de quien se dice: Aguarda,
y ahora verás si veo...
Abrí el estuche, pero dentro, nada;
point de lunettes... ¿Huyeron? Juraría
que algo brilló cuando la negra tapa
abrí del diminuto
ataúd de bolsillo, y que volaban,
huyendo de su encierro,
cual mariposa de cristal, mis gafas.
El libro bajo el brazo
la orfandad de mis ojos paseaba
pensando: hasta las cosas que dejamos
muertas de risa en casa
tienen su doble donde estar debieran
o es un acto de fe toda mirada.

POESÍAS DE GUERRA (1936-1939)

LXXXI. A LÍSTER, JEFE
EN LOS EJÉRCITOS DEL EBRO

Tu carta —oh noble corazón en vela,
español indomable, puño fuerte—,
tu carta, heroico Líster, me consuela,
de esta, que pesa en mí, carne de muerte.
Fragores en tu carta me han llegado
de lucha santa sobre el campo ibero;
también mi corazón ha despertado
entre olores de pólvora y romero.
  Donde anuncia marina caracola
que llega el Ebro, y en la peña fría
donde brota esa rúbrica española,
    de monte a mar, esta palabra mía:
«Si mi pluma valiera tu pistola
de capitán, contento moriría».

LXXXIV. EL CRIMEN FUE EN GRANADA:
A FEDERICO GARCÍA LORCA

1. EL CRIMEN

Se le vio, caminando entre fusiles,
por una calle larga,
salir al campo frío,
aún con estrellas, de la madrugada.
Mataron a Federico
cuando la luz asomaba.
El pelotón de verdugos
no osó mirarle la cara.
Todos cerraron los ojos;
rezaron: ¡ni Dios te salva!
Muerto cayó Federico
—sangre en la frente y plomo en las entrañas—
…Que fue en Granada el crimen
sabed —¡pobre Granada!—, en su Granada.

2. *El poeta y la muerte*

Se le vio caminar solo con Ella,
sin miedo a su guadaña.
—Ya el sol en torre y torre, los martillos
en yunque— yunque y yunque de las fraguas.
Hablaba Federico,
requebrando a la muerte. Ella escuchaba.
«Porque ayer en mi verso, compañera,
sonaba el golpe de tus secas palmas,
y diste el hielo a mi cantar, y el filo
a mi tragedia de tu hoz de plata,
te cantaré la carne que no tienes,
los ojos que te faltan,
tus cabellos que el viento sacudía,
los rojos labios donde te besaban…
Hoy como ayer, gitana, muerte mía,
qué bien contigo a solas,
por estos aires de Granada, ¡mi Granada!»

3.

Se le vio caminar…
   Labrad, amigos,
de piedra y sueño en el Alhambra,
un túmulo al poeta,
sobre una fuente donde llore el agua,
y eternamente diga:
el crimen fue en Granada, ¡en su Granada!

LXXXIX

¡Madrid, Madrid!, ¡qué bien tu nombre suena,
rompeolas de todas las Españas!
La tierra se desgarra, el cielo truena,
tú sonríes con plomo en las entrañas.

Madrid, 7 de noviembre de 1936

Antonio Machado nació en 1875 en Sevilla, en el seno de una familia modesta, culta y librepensadora. Murió en 1939, en Colliure, pocos días después de cruzar la frontera española. Se ganó la vida como profesor de francés, en los institutos de Soria, Baeza, Segovia y Madrid. Se ganó la muerte como leal defensor de la República, en la que había puesto su confianza para remediar las injusticias de su patria. Como consecuencia, tuvo que huir junto a cientos de miles de personas ante el avance de las tropas de Franco en Cataluña. Publicó varios libros de poemas, que parten de una estética simbolista y logran personalidad propia en magistrales descripciones del paisaje, donde proyecta sus sentimientos. *Soledades* (1907) y *Campos de Castilla* (1912) son ejemplo de lo uno y lo otro. Desgranó su filosofía con humor y sin empaque en los poemas breves de libros como *Nuevas Canciones* (1924) y, sobre todo a través de autores inventados, como Juan de Mairena, cuyo libro *Sentencias, donaires, apuntes y recuerdos de un profesor apócrifo* (1936) contiene su teoría poética y su ideario vital. Su continuada, honda y sentida meditación sobre España y los españoles sigue vigente, como muchas de sus máximas y sentencias, que se han incorporado al acervo popular.

EN SEGOVIA, UNA TARDE, DE PASEO
POR LA ALAMEDA QUE EL ERESMA BAÑA,
PARA LEER MI BIBLIA
ECHÉ MANO AL ESTUCHE DE LAS GAFAS
EN BUSCA DE ESE ANDAMIO DE MIS OJOS,
MI VOLADO BALCÓN DE LA MIRADA.

ANTONIO MACHADO. 1919

Alameda del Parral, Segovia, 2025

PpQ

Ahora que ser joven no parece invitar a la aventura de leerlos, ni ser mayor a la de revisitarlos y reconocerse en ellos, *Poetas para Qué* cede la palabra a los clásicos. Que no lo son, como diría Joan Fuster, por antiguos, sino porque siguen siendo modernos. Ahora que el mundo se arma hasta los dientes, *Poetas para Qué* refuerza la inteligencia con la palabra pacificadora de la poesía. Ofrece la obra esencial de poetas clásicos acompañada de una lectura personal de poetas contemporáneos

MIGUEL DE UNAMUNO José Luis Gallero
ANTONIO MACHADO **José María Parreño**
ROSALÍA DE CASTRO **Begoña Paz**
ALONSO QUESADA **Juan Manuel Bonet**
JUAN RAMÓN JIMÉNEZ **Julia Castillo**
GARCILASO DE LA VEGA **Ana María Cuervo**
JOAN VINYOLI **Vicenç Altaió**
FRANCISCO DE QUEVEDO **Lucas Martí Domken**
FEDERICO GARCÍA LORCA **María Isabel Cuena**
UXÍO NOVONEYRA **Branca Novoneyra**
JUAN DE LA CRUZ **Gonzalo García Pino**
SALVAT-PAPASSEIT **Manuel Guerrero Brullet**
JUANA INÉS DE LA CRUZ **Esther Ramón**
POESÍA VISUAL HISPANA **Javier Arnaldo**
CANTIGAS DE AMIGO **Nacho Fernández Rocafort**
CÉSAR VALLEJO **Mar García Lozano**
MIGUEL ÁNGEL ASTURIAS, MACEDONIO FERNÁNDEZ,
ELENA GARRO *y otros poetas tapados*
por su propia obra **Daniel Bolado**